Philip Roth

Grün hinter den Ohren

Stories

Deutsch von
Günter Panske und
Herta Haas

Rowohlt

Veröffentlicht im
Rowohlt Taschenbuch Verlag GmbH,
Reinbek bei Hamburg, Juli 1996
Die Stories der vorliegenden
Ausgabe wurden den Bänden
«Mein Leben als Mann» und
«Goodbye, Columbus!» entnommen.
«My Life as a Man»
Published by arrangement with Farrar,
Straus & Giroux, Inc., New York
«Mein Leben als Mann»
Copyright © 1990 by Kellner GmbH & Co.
Verlags KG, Hamburg
«Goodbye, Columbus», erschienen bei Houghton
Mifflin Company, Boston
Copyright © 1959 by Philip Roth
«Goodbye, Columbus!»
Copyright © 1992 by Rowohlt Verlag GmbH,
Reinbek bei Hamburg
Umschlaggestaltung
Beate Becker/Gabriele Tischler
(Foto: Herbert Tobias)
Satz Sabon (Linotronic 500)
Gesamtherstellung Clausen & Bosse, Leck
Printed in Germany
200-ISBN 3 499 22087 3

Inhalt

Grün hinter den Ohren
(Deutsch von Günter Panske)
7

Epstein
(Deutsch von Herta Haas)
71

Rede von Philip Roth
anläßlich der Verleihung des
National Book Award
(Deutsch von Herta Haas)
117

Grün hinter den Ohren

Zunächst, vor allem, die verhätschelte, behütete Kindheit in der Wohnung über dem Schuhgeschäft seines Vaters in Camden. Siebzehn Jahre lang angebeteter Konkurrent des rackernden, hitzköpfigen Schuhverkäufers (mehr nicht, pflegte er zu sagen, nur ein einfacher Schuhverkäufer, aber wart's ab), eines Mannes, der ihm Dale Carnegie zu lesen gab, um die Arroganz des Jungen zu dämpfen, während er sie zugleich durch sein eigenes Vorbild inspirierte und stärkte. «Dein Hochmut gegenüber den Leuten wird dazu führen, Natie, daß du als Einsiedler endest, als verhaßte Person, voller Feindseligkeit gegen die ganze Welt –» Indessen zeigte Polonius unten in seinem Laden nichts als Verachtung für jeden Angestellten, dessen Ehrgeiz weniger stürmisch war als sein eigener. Mr. Z. – wie er im Geschäft genannt wurde (und auch daheim von seinem Jüngsten, wenn den Knaben der Hafer stach) –, Mr. Z. erwartete, *verlangte* von seinem Verkäufer wie von seinem Lagergehilfen, daß sie nach getaner Arbeit die gleichen unerträglichen Kopfschmerzen quälten wie ihn selbst. Daß ihm die Verkäufer bei ihrer Kündigung ausnahmslos erklärten, sie könnten ihn auf den Tod nicht ausstehen, war für ihn stets aufs neue eine Überraschung: Er erwartete Dankbarkeit von einem jungen Burschen, den sein Boß unerbittlich zur Steigerung seiner Provision anstachelte. Er konnte nicht begreifen, warum jemand sich mit weniger zufriedengab, wenn er doch mehr haben konnte, indem er sich, wie Mr. Z. es ausdrückte, «einfach ein bißchen ins Zeug legt». Und wenn sie sich nicht selbst ins Zeug legten, tat er es für sie: «Keine Sorge», verkündete er voller Stolz, «ich bin nicht stolz», womit er offensichtlich meinte, daß er unmittelbaren Zugriff auf seinen gerechten Zorn hatte, wenn er sich mit den Unvollkommenheiten anderer konfrontiert sah.

Und das galt für sein eigen Fleisch und Blut genauso wie für die Angestellten. Einmal geschah es zum Beispiel (und der Sohn sollte den Vorfall niemals vergessen – vielleicht ist er sogar einer der Gründe dafür, daß es ihn drängte, «Schriftsteller» zu werden), daß der Vater zufällig ein Schulheft zu Gesicht bekam, auf das der kleine Nathan seinen Namen geschrieben hatte, und es flogen die Fetzen. Der Neunjährige hatte sich mächtig was eingebildet, das war dem Namenszug anzusehen. Und der Vater wußte es. «Bringen sie dir in der Schule bei, so deinen Namen zu schreiben, Natie? Soll das eine Unterschrift sein, die ein Mensch entziffern und vor der er Respekt haben kann? Wer, zum Teufel, soll so was lesen, das sieht aus wie ein entgleister Zug! Verdammt noch mal, Junge, *es geht um deinen Namen*. Schreib ihn *ordentlich*!» Das eingebildete Kind des eingebildeten Schuhverkäufers heulte hinterher stundenlang auf seinem Zimmer und würgte mit bloßen Händen sein Kopfkissen, bis es tot war. Doch als der Knabe zur Schlafenszeit im Pyjama bei seinen Eltern erschien, brachte er einen weißen Bogen Papier mit, den er an den oberen Ecken hielt und in dessen Mitte mit schwarzer Tinte in runden und leserlichen Buchstaben sein Name geschrieben stand. Er reichte den Bogen dem Tyrannen: «Ist *das* okay?» und fand sich im nächsten Augenblick emporgehoben in den Himmel des kratzigen, abendlichen Stoppelbarts seines Vaters. «Ah, ja, *das* ist eine Unterschrift! *Das* ist etwas, wofür man sich nicht zu schämen braucht! *Das* werde ich im Geschäft über dem Ladentisch anbringen!» Und genau das tat er, und dann führte er die Kunden (von denen die meisten Neger waren) ganz um die Kasse herum, damit sie die Unterschrift des kleinen Jungen aus der Nähe begutachten konnten. «Na, was sagen Sie *dazu*?» fragte er jeden, als stünde der Name unter Lincolns Proklamation der Sklavenbefreiung.

Und so war das immer mit diesem irremachenden, quirligen Beschützer. Einmal, als sie draußen vor der Küste fischten und Nathans Onkel Philly es für geboten hielt, seinen Neffen kräftig zu schütteln, weil der so leichtsinnig mit seinem Haken hantierte, da drohte der Schuhverkäufer, Philly über Bord und ins Wasser der Bucht zu werfen. «Der einzige, der ihn anrührt, bin ich, Philly!» – «Wenn wir das noch erleben dürfen...» murmelte Philly. «Wenn du ihn noch einmal anrührst, Philly», sagte Nathans Vater wütend, «kannst du dich mit den Blaufischen unterhalten, das verspreche ich dir! Mit den *Aalen* kannst du dich unterhalten!» Aber auf dem Zimmer in der Pension, wo die Zuckermans während ihres zweiwöchigen Urlaubs wohnten, bekam Nathan zum ersten und einzigen Mal in seinem Leben eine Tracht Prügel mit einem Gürtel, weil er seinem Onkel um ein Haar das Auge ausgestochen hatte, als er mit dem verfluchten Haken herumspielte. Zu seiner Überraschung war am Ende der drei Schläge umfassenden Tracht Prügel das Gesicht des Peinigers genauso naß von Tränen wie sein eigenes, und dann wurde er – noch überraschender – fast erdrückt in der Umarmung seines Vaters. «Ein *Auge*, Nathan, ein menschliches *Auge* – weißt du, was es für einen erwachsenen Mann bedeuten würde, ohne *Augen* durchs Leben gehen zu müssen?»

Nein, er wußte es nicht; genausowenig, wie er wußte, was es für einen kleinen Jungen bedeuten würde, ohne Vater zu sein, und er wollte es auch nicht wissen, denn sein Arsch brannte wie Hölle.

In den Jahren zwischen den Kriegen hatte sein Vater zweimal Pleite gemacht: Mr. Z.'s Herrenbekleidung Ende der zwanziger Jahre, Mr. Z.'s Kinderbekleidung Anfang der dreißiger; und dennoch hatte keines von Z.'s Kindern jemals auf eine der drei sättigenden Mahlzeiten pro Tag, auf prompte ärztliche Betreuung, auf anständige Kleidung, auf ein sauberes Bett, auf ein kleines «Taschengeld» verzichten müssen. Die Geschäfte gingen miserabel, doch daheim ging alles seinen gewohnten Gang, weil dem Alten die Familie über alles ging. In den trüben Jahren der Not und des Mangels ahnte der kleine Nathan nicht einmal im Traum, daß seine Familie am Rande des Abgrunds und nicht inmitten einer Idylle der Zufriedenheit lebte, so überzeugend war die Zuversicht des aufbrausenden Vaters.

Und das Vertrauen der Mutter. *Sie* benahm sich wahrlich nicht so, als sei sie mit einem Geschäftsmann verheiratet, der zweimal Pleite gemacht hatte. Tatsächlich brauchte der Gatte beim Rasieren im Badezimmer nur ein paar Takte der «Donkey Serenade» zu singen, und schon verkündete die Frau Gemahlin den Kindern am Frühstückstisch: «Und ich dachte, es sei das Radio. Für einen Augenblick habe ich tatsächlich geglaubt, es sei Allan Jones.» Pfiff er beim Autowaschen, so fand sie ihn besser als sämtliche hochbegabten schlagerpfeifenden Kanarienvögel (Schlager allenfalls in den Ohren anderer Kanarienvögel, meinte Mr. Z.), die sonntags morgens auf WEAF zu hören waren; tanzte er mit ihr über das Linoleum des Küchenfußbodens (nach dem Dinner packte ihn oft das Walzerfieber), so war er «ein neuer Fred Astaire»; machte er zur Freude der Kinder beim Abendessen seine Witze, so fand zumindest sie ihn komischer als sämtliche Teilnehmer der Rundfunksendung «Can You Top This?» – allemal komischer als diesen Senator Ford. Und wenn er – in regelmäßiger Perfektion – den Studebaker einparkte, pflegte sie den Abstand zwischen Rädern und Rinnstein zu betrachten und – in perfekter Regelmäßigkeit – zu verkünden, «Tadellos!», als hätte er ein spotzendes Verkehrsflugzeug in einem Maisfeld notgelandet. Es versteht sich von selbst, daß eines ihrer Prinzipien lautete, niemals zu kritisieren, wo man loben konnte; bei einem Ehemann wie Mr. Z. hätte sie andernfalls kaum eine Chance gehabt.

Dann der gerechte Lohn. Etwa zu der Zeit, als Sherman, der ältere Sohn, aus der Navy entlassen wurde und Nathan auf die High-School kam, fing das Geschäft in Camden plötzlich an zu laufen, und 1949, als Zuckerman aufs College wechselte, wurde draußen in der zwei Millionen Dollar teuren Country Club Hills Shopping Mall ein brandneues «Mr.-Z.»-Schuhgeschäft eröffnet. Und dann endlich das Einfamilienhaus: im Ranch-Stil, mit gemauertem Kamin, auf einem Fünftausend-Quadratmeter-Grundstück – der Familientraum wurde Wirklichkeit, als die Familie auseinanderfiel.

Glücklich wie ein Geburtstagskind, rief Zuckermans Mutter am Tag der Unterzeichnung des Kaufvertrages im College an, um Nathan zu fragen, «in welcher Farbkombination» er sein Zimmer haben wollte.

«Rosa», erwiderte Zuckerman, «und weiß. Und einen Baldachin über dem Bett und eine Zierdecke für meinen Frisiertisch. Mutter, was soll dieser Quatsch von wegen ‹dein Zimmer›?»

«Aber – aber warum hätte Daddy das Haus überhaupt kaufen sollen, wenn nicht für dich, damit du ein richtiges Kinderzimmer hast, dein eigenes Zimmer ganz für dich und all deine Sachen? Das hast du dir doch dein ganzes Leben lang gewünscht.»

«Wahnsinn, Mutter, kann ich vielleicht 'ne Kiefern-Täfelung haben?»

«Liebling, das genau versuche ich dir zu sagen – du kannst *alles* haben.»

«Und einen College-Wimpel überm Bett? Und auf der Kommode ein Bild von meiner Mom und meiner Freundin?»

«Nathan, warum machst du dich über mich lustig? Ich habe mich so auf diesen Tag gefreut, und wenn ich dich anrufe, um dir diese wundervollen Neuigkeiten mitzuteilen, hast du nichts anderes übrig für mich als – Spott. Studenten-Spott!»

«Mutter, ich versuche nur, dir schonend beizubringen, daß – daß du dir nicht einreden sollst, in eurem neuen Haus könnte es so etwas wie ‹Nathans Zimmer› geben. Was ich mit zehn Jahren für ‹all meine Sachen› haben wollte, will ich vielleicht heute nicht mehr unbedingt haben.»

«Dann», sagte sie mit schwacher Stimme, «braucht Daddy vielleicht auch nicht mehr für dein Studium zu bezahlen und dir wöchentlich einen 25-Dollar-Scheck zu schicken, wenn du jetzt so selbständig bist. Wenn wir auf dieser Ebene verkehren wollen, hat das vielleicht für beide Seiten Konsequenzen...»

Weder die Drohung noch der Ton, in dem sie vorgebracht wurde, beeindruckte ihn sonderlich. «Wenn ihr», sagte er mit ernster Spaß-beiseite-Stimme wie zu einem Kind, das sich nicht seinem Alter gemäß verhält, «für meine Ausbildung nicht mehr aufkommen wollt, ist das eure Sache; das müßt du und Dad zwischen euch ausmachen.»

«Oh, Liebling, was hat dich bloß zu einem so grausamen Menschen werden lassen – dich, der du immer so lieb und rücksichtsvoll warst –?»

«Mutter», erwiderte der Neunzehnjährige, der mittlerweile Englische Sprache und Literatur im Hauptfach studierte, «bitte versuche wenigstens, präzise zu sein. Ich bin nicht grausam. Nur direkt.»

Ach, er hatte sich weit von ihr entfernt seit jenem Tag im Jahre 1942, als Nathan Zuckerman sich in Betty Zuckerman verliebt hatte, so wie sich Männer in Frauen auf der Leinwand zu verlieben scheinen – ja, hingerissen von ihr, als sei sie nicht seine Mutter, sondern eine berühmte Schauspielerin, die aus irgendeinem unfaßbaren Grund das Essen für ihn kochte und sein Zimmer aufräumte. In ihrer Eigenschaft als Vorsitzende der Kampagne für Kriegsanleihen an seiner Schule hatte man sie eingeladen, an jenem Morgen in der Aula vor der gesamten Schülerschaft über die Bedeutung der Aktion zu sprechen. Dabei war sie angezogen gewesen wie sonst nur, wenn sie mit ihren «Freundinnen» nach Philadelphia fuhr, um sich eine Theater-Matinee anzusehen: Sie trug ihr maßgeschneidertes graues Kostüm und eine weiße Seidenbluse. Ihre Ansprache hielt sie (frei) von einem Rednerpult aus, das üppig mit rot-weiß-blauem

Flaggenstoff geschmückt war. Und weil seine schlanke, respektable und kultivierte Mutter an jenem Tag auf der Bühne so viel Glanz verstrahlt hatte, fühlte sich Nathan für den Rest seines Lebens von Frauen in grauen Kostümen und weißen Blusen über alle Maßen angezogen. Mr. Loomis, der Direktor (vermutlich selbst nicht gänzlich unbeeindruckt), verglich ihr Auftreten als Vorsitzende der Kampagne für Kriegsanleihen und als Präsidentin des Eltern-Lehrer-Verbandes mit dem von Madame Tschiang Kai-schek. Und Mrs. Zuckerman akzeptierte sein Kompliment mit angemessener Scheu, indem sie vom Podium herab erklärte, Madame Tschiang sei in der Tat eines ihrer Idole. Wie im übrigen auch, so verkündete sie der versammelten Schülerschaft, Pearl Buck und Emily Post. Wie wahr. Zuckermans Mutter war erfüllt von einem tiefen Glauben an etwas, das sie «Huld» nannte, und von großer Ehrfurcht – einer Ehrfurcht, wie sie in Indien der Kuh entgegengebracht wird – vor Grußkarten und Danksagungen. Und solange sie ineinander verliebt waren, galt für ihn dasselbe.

Eine der ersten großen Überraschungen in Zuckermans Leben war das Theater, das seine Mutter machte, als sein Bruder Sherman 1945 zur Navy ging, um seine zwei Jahre abzudienen. Man hätte meinen können, sie sei ein junges Mädchen, dessen Verlobter in Richtung Front und in den sicheren Tod marschiert, während in Wirklichkeit Amerika im August den Zweiten Weltkrieg gewonnen hatte und Sherman nur hundert Meilen von zu Hause entfernt in einem Ausbildungslager in Maryland war. Nathan tat alles nur Erdenkliche, um sie aufzumuntern: Er half ihr beim Abwasch, erklärte sich bereit, samstags den Einkauf nach Hause zu tragen, und quasselte ununterbrochen, sogar über ein Thema, das ihn sonst genierte, nämlich seine kleinen Freundinnen. Zur Bestürzung seines Vaters lud er seine Mutter ein, ihm über die Schulter in die Karten zu sehen, wenn «die beiden Männer» sonntags abends am Bridgetisch im Wohnzimmer Rommé spielten. «Bleib mit den Gedanken beim Spiel», pflegte sein Vater ihn zu warnen, «konzentrier dich auf die Karten, die ich ablege, Natie, und nicht auf deine Mutter. Deine Mutter kann für sich selbst sorgen, aber du bist derjenige, der am Ende wieder Schneider ist.» Wie konnte der Mann so herzlos sein? Seine Mutter konnte eben *nicht* für sich selbst sorgen – *etwas mußte getan werden.* Aber was?

Besonders beunruhigend war es für Nathan, wenn im Radio «Mamselle» gespielt wurde, denn von diesem Lied wurde seine Mutter widerstandslos überwältigt. Es war, neben «The Old Lamplighter», ihr Lieblingsstück aus Shermans gesamtem Repertoire von halbklassischen Liedern und populären Schlagern gewesen, und nichts liebte sie mehr, als nach dem Abendessen im Wohnzimmer zu sitzen und zuzuhören, wie er (auf ihre Bitte) seine «Interpretation» spielte und sang. Den «Old Lamplighter», der ihr anscheinend immer genauso zu Herzen gegangen war, konnte sie noch einigermaßen verkraften, aber wenn sie jetzt «Mamselle» im Radio spielten, konnte sie nicht anders und stand auf und verließ das Zimmer. Nathan, den «Mamselle» auch nicht gerade kaltließ, folgte seiner Mutter und lauschte an der Schlafzimmertür ihrem erstickten Weinen. Es brachte ihn fast um.

Er klopfte leise und fragte: «Mom ... alles in Ordnung? Möchtest du irgendwas?»

«Nein, Liebling, nein.»

«Soll ich dir aus meinem Aufsatz vorlesen?»

«Nein, Schatz.»

«Soll ich das Radio abstellen? Ich hab eigentlich genug gehört.»

«Laß es ruhig an, Nathan, Engel, in einer Minute ist alles wieder in Ordnung.»

Wie schrecklich ihr Leid war – und wie sonderbar. Daß *ihm* Sherman fehlte, war eine Sache – immerhin war Sherman *sein einziger älterer Bruder*. Als kleiner Junge hatte Nathan so entschieden und offensichtlich an Sherman gehangen, daß die anderen Kinder sich darüber lustig machten – wenn Sherman Zuckerman plötzlich stehenblieb, sagten sie, würde sein kleiner Bruder Sherm die Nase direkt in den Arsch bohren. Tatsächlich konnte man beobachten, wie der kleine Nathan seinem älteren Bruder hinterherlief, morgens zur Schule, nachmittags zum Hebräischunterricht und abends zu seinen Pfadfindertreffen; und wenn Shermans fünf Mann starke High-School-Band loszog, um bei Bar-Mizwas und Hochzeiten zu spielen, fuhr Nathan als «Maskottchen» mit, saß in einer Ecke der Bühne auf einem Stuhl und schlug bei Rumbas zwei Stöckchen gegeneinander. Daß ihm sein Bruder sehr fehlen würde und ihm die Tränen in die Augen stiegen, wenn er abends in ihrem gemeinsamen Zimmer rechts neben sich das leere Bett sah, das war ja wohl zu *erwarten*. Aber warum machte seine Mutter ein solches Theater? Wie konnte sie Sherman so sehr vermissen, wo er doch noch da war – und netter denn je. Nathan war damals dreizehn und hatte sich auf der High-School schon besonders hervorgetan, doch all seiner Intelligenz und Frühreife zum Trotz blieb ihm ihr Verhalten ein Rätsel.

Als Sherman nach Abschluß seiner Grundausbildung zum erstenmal auf Urlaub nach Hause kam, hatte er ein Album mit unanständigen Fotos bei sich, die er Nathan zeigte, als sie zusammen durch das altvertraute Viertel schlenderten; außerdem hatte er eine Bordjacke und eine Matrosenmütze für seinen kleinen Bruder und Geschichten zu erzählen über Huren, die in den Bars von Bainbridge auf seinem Schoß saßen und ihm erlaubten, ihnen unter den Rock zu fassen. *Und zwar umsonst.* Huren, *fünfzig* und *sechzig* Jahre alt. Sherman war damals achtzehn und wollte Jazzmusiker à la Lenny Tristano werden; dank seiner musikalischen Fähigkeiten war er bereits den Special Services zugeteilt worden und würde demnächst bei Veranstaltungen auf der Marinebasis den Conférencier mimen und dem Stabsbootsmann bei der Organisation des Unterhaltungsprogramms helfen. Außerdem besaß er ein im Showbusineß äußerst seltenes Talent – er war ein Meister des *komischen* Steptanzes, und wenn er Bojangles Robinson imitierte, bog sich sein kleiner Bruder vor Lachen. Mit seinen dreizehn Jahren erwartete Zuckerman von einem Bruder, der all dies konnte, große Dinge. Sherman erzählte ihm von Präservativen und Filmen über Geschlechtskrankheiten und ließ ihn die hektographierten Geschichten lesen, die bei Matrosen auf Nachtwache die Runde machten. Unglaublich. Dem dreizehnjährigen Nathan schien es, als hätte sein großer Bruder Zugang zu einem verwegenen und männlichen Leben gefunden.

Und als Sherman nach seiner Entlassung direkt nach New York ging und in einer Bar in Greenwich Village einen Job als Klavierspieler fand, war der junge Zuckerman begeistert; im Gegensatz zum Rest der Familie. Sherman verkündete, daß es sein Ziel sei, irgendwann in der Band von Stan Kenton zu spielen, und wäre sein Vater im Besitz einer Pistole gewesen, hätte er sie wahrscheinlich geholt und ihn erschossen. Nathan erzählte derweil seinen High-

School-Freunden Geschichten vom Leben seines Bruders «im Village». Und sie fragten (diese Dorftrottel): «Was für ein Village?» Er erklärte es ihnen voller Verachtung; erzählte ihnen von der San-Remo-Bar in der MacDougal Street, die er zwar nie mit eigenen Augen gesehen hatte, sich aber vorstellen konnte. Eines Nachts ging Sherman nach der Arbeit *(was um vier Uhr morgens war)* zu einer Party und lernte June Christie kennen, die blonde Solosängerin von Stan Kenton. June Christie. *Das* weckte ein paar Phantasien im Kopf des kleinen Bruders. Ja, allmählich hatte es den Anschein, als wären für respektlose und verwegene Leute wie Sherman Zuckerman (oder Sonny Zachary, wie er sich in der Cocktail Lounge nannte) die Möglichkeiten schier unbegrenzt.

Und dann war Sherman plötzlich an der Temple University und studierte Zahnmedizin. Und dann heiratete er, aber nicht June Christie, sondern *irgendein* Mädchen, ein dürres jüdisches Ding, Bala-Cynwyd-Schülerin, die sich vorzugsweise in Babysprache ausdrückte und irgendwo als Zahntechnikerin arbeitete. Nathan konnte es nicht fassen. Sag, daß es nicht stimmt, Sherm! Er erinnerte sich an die Riesenbrüste der lüsternen Frauen auf den schmutzigen Bildern, die Sherman von der Navy mitgebracht hatte, und dann dachte er an die flachbrüstige Sheila, die Zahntechnikerin, mit der Sherman von nun an für den Rest seines Lebens jeden Abend ins selbe Bett steigen würde, und die Sache blieb ihm ein Rätsel. Was war nur mit seinem Glamour-Bruder geschehen? «Ihm ist ein Licht aufgegangen, das ist es», erklärte Mr. Z. Freunden und Verwandten, vor *allem* aber dem jungen Nathan, «er hat das Menetekel erkannt und ist endlich zur Besinnung gekommen.»

Siebzehn Jahre Familienleben und -liebe also, wie vermutlich jeder sie erlebte, mehr oder weniger – und dann seine vier Jahre auf dem Bass College, einem Lehrinstitut, das sich, laut Zuckerman, hauptsächlich durch seine hinreißend idyllische Lage in einem Tal im Westen Vermonts auszeichnete. Das Überlegenheitsgefühl, das Mr. Z. bei seinem Sohn mit Hilfe von Dale Carnegies Buch zu dem Thema, wie man Freunde gewinnt und Menschen beeinflußt, hatte dämpfen wollen, gedieh im ländlichen Vermont wie ein Dschungelpilz. Die apfelwangigen Studenten in ihren weißen Wildlederschuhen, die *Bastion*, die Woche für Woche in ihrem Leitartikel für mehr «College-

Geist» plädierte, jeden Mittwochmorgen
die Pflichtandacht unter Beteiligung von
Angehörigen des Klerus aus allen Teilen des
Staates, die «Männergespräche» am Montagabend im Schlafsaal in Anwesenheit
ehrwürdiger Herren wie dem Dekan – der
den neuen Studenten erzählte, in manchen
Mondnächten könne man hören, wie der
Efeu an den Mauern der Bibliothek das
Wort «Tradition» wispere –, nein, nichts
von alledem vermochte Zuckerman zu
überzeugen, seinen Mitmenschen ein besserer Mitmensch zu sein. Andererseits war
es der Bass-Prospekt mit Bildern von apfelwangigen Knaben in weißen Wildlederschuhen, die in Gesellschaft apfelwangiger
junger Mädchen in weißen Wildlederschuhen durchs sonnenbeschienene Vermont zogen, was Zuckerman zunächst an Bass gereizt hatte. Das schöne Bass erschien ihm
und seinen Eltern als Verkörperung all dessen, was das Wort «College» an vollmundiger Resonanz für jene besitzt, die über die
zwölfte Klasse nicht hinausgekommen sind.
Außerdem fand seine Mutter, als die Familie im Frühjahr nach Bass fuhr, den Dekan
– der drei Jahre später zu Zuckerman sagen
würde, man sollte ihn mit einer Mistgabel
vom Campus jagen wegen der sogenannten

Parodie, die er in seinem literarischen Magazin über die Homecoming Queen geschrieben hatte, ein Mädchen aus Rutlandshire, das zufällig eine Waise war –, dieser Dekan mit seiner Bruyèrepfeife und seinen in Tweed gehüllten Footballschultern war Mrs. Zuckerman als ein «ganz und gar huldvoller Mann» erschienen, womit die Sache praktisch entschieden war – hinzu kam, daß der Dekan erklärte, es gebe auf dem Campus «eine erstklassige jüdische Studentenverbindung» sowie eine Vereinigung der dreißig «herausragenden» jüdischen Studentinnen des College, oder «Mädels», wie der Dekan sie nannte.

Wer wußte, wer in der Zuckerman-Familie wußte, daß Nathan im selben Monat, in dem er sein Studium in Bass begann, ein Buch mit dem Titel *Von Zeit und Strom* lesen würde, das nicht nur seine Einstellung zu Bass, sondern zum Leben schlechthin ändern sollte?

Auf Bass folgte der Wehrdienst. Hätte er sich im ROTC, dem Reserve Officers' Training Camp, ausbilden lassen, wäre er bei Antritt seines Dienstes beim Transportation Corps Leutnant gewesen, doch gehörte er zu den wenigen Bass-Studenten, die Theorie und Praxis der vormilitärischen Ausbildung an einem privaten Bildungsinstitut mißbilligten, und nachdem er zwei Jahre lang pflichtgemäß einmal wöchentlich mit einem Gewehr über der Schulter auf dem Campus herummarschiert war, hatte er die Einladung des zuständigen Colonels ausgeschlagen, seine militärische Ausbildung fortzusetzen. Sein Vater war wütend gewesen über seine Entscheidung, zumal ein weiterer Krieg im Gange war. Wieder einmal starben junge amerikanische Männer für die Sache der Demokratie, diesmal alle sechzig Minuten einer, während doppelt so viele pro Stunde in den Schneewehen und Schlammfeldern Koreas irgendwelche Körperteile verloren. «Bist du verrückt, bist du *meschugge*, dir eine solche Gelegenheit im Transportation Corps entgehen zu lassen, die für dich den Unterschied zwischen Leben und Tod bedeuten könnte? Willst du dir lieber bei der Infanterie den Arsch wegschießen lassen? Oh, mein Sohn, du suchst den Schlamassel geradezu, und du wirst ihn auch finden! Die Scheiße wird dir um die Ohren fliegen, Freundchen, und du wirst kein bißchen Spaß daran haben! Schon gar nicht, wenn du tot bist!» Doch nichts, was der alte Zuckerman seinem Sohn an Argumenten entgegenschrie, konnte in dieser

Prinzipienfrage dessen Starrsinn brechen. Etwas weniger scharf (doch nicht weniger irritiert) hatte Mr. Zuckerman reagiert, als ihm sein Sohn im ersten College-Jahr erklärte, er werde die jüdische Studentenverbindung verlassen, bei der er sich erst einen Monat zuvor um Aufnahme beworben hatte. «Verrate mir, Nathan, wie du aus etwas austreten kannst, in das du noch nicht einmal richtig eingetreten bist? Wie kannst du dich so gottverdammt überlegen fühlen, wenn du noch nicht einmal weißt, wie es ist, *dazuzugehören*? Ist mein Sohn plötzlich einer von diesen – Drückebergern?»

«In manchem schon», hatte der junge Student in jenem Ton kühler Herablassung erwidert, der sich wie ein eiserner Stachel ins Nervensystem seines Vaters bohrte. Wenn sein Vater anfing zu kochen, hielt Zuckerman den Telefonhörer manchmal auf Armlänge von sich und betrachtete ihn mit einem Pokerface, eine Taktik, die er gelegentlich bei anderen beobachtet hatte, allerdings natürlich nur im Film und der komischen Wirkung halber. Er zählte bis fünfzig und versuchte dann, das Gespräch wiederaufzunehmen: «Ja, es ist unter meiner Würde, ganz recht.» Oder: «Nein, ich bin nicht gegen etwas, um dagegen zu sein, ich bin aus Prinzip dagegen.» – «Mit anderen Worten», sagte – zischte – Mr. Zuckerman, «du hast recht, wenn ich richtig verstehe, und der Rest der Welt hat unrecht. Das heißt doch wohl, Nathan, daß du hier der neue Gott bist und der Rest der Welt getrost zur Hölle gehen kann!» Cool, cool, so cool, daß auch der empfindlichste Seismograph in der Telefonleitung nicht das leiseste Zittern in seiner Stimme hätte registrieren können: «Dad, mit einer solchen Behauptung erweiterst du den Rahmen unserer Diskussion in einem Maße, daß –» und so weiter, gemäßigt, logisch, ungeheuer «vernünftig», genau das richtige, um den Vulkan in New Jersey zum Ausbruch zu bringen.

«Liebling», säuselte die Stimme seiner Mutter leise flehend durchs Telefon, «hast du mit Sherman gesprochen? Hast du wenigstens mal überlegt, ob du das nicht besser zuerst mit ihm besprichst?»

«Warum sollte ich es mit ‹ihm› besprechen wollen?»

«*Weil er dein Bruder ist!*» rief ihm sein Vater ins Gedächtnis.

«Und er liebt dich», sagte seine Mutter. «Wie ein kostbares Stück Porzellan hat er dich behütet, Liebling, vergiß das nicht – er hat dir die Matrosenjacke mitgebracht, die du getragen hast, bis sie in Fetzen hing, so sehr hast du sie geliebt, oh, Nathan, *bitte*, dein Vater hat recht, wenn du nicht auf uns hören willst, dann hör auf ihn, denn als Sherman von der Navy kam, hat er genauso eine Unabhängigkeitsphase durchgemacht wie du jetzt. Bis aufs i-Tüpfelchen.»

«Na, ist ihm nicht allzu gut bekommen, Mutter, was meinst du?»

«WAS!» Mr. Zuckerman war wieder außer sich. «Was ist das für eine Art, über deinen Bruder zu reden, verdammt? Wen gibt es eigentlich, der dir *nicht* unterlegen ist – bitte, nenn mir nur einen einzigen Namen, für das Buch der Rekorde wenigstens. Mahatma Gandhi vielleicht? Yehudi? Oh, dir muß dringend jemand eine Portion Demut einbleuen! Dir muß dringend jemand einen guten, strammen Kurs in Dale Carnegie verpassen! Dein Bruder ist zufällig ein praktizierender Kieferorthopäde mit einer großartigen Praxis, und außerdem *ist er dein Bruder*.»

«Dad, Brüder können sich mit sehr gemischten Gefühlen gegenüberstehen. Ich glaube, du stehst deinen auch mit gemischten Gefühlen gegenüber.»

«Es geht hier *nicht* um meine Brüder, sondern um *deinen*, bring das nicht durcheinander, denn das Thema ist deine ROTZIGE ARROGANZ GEGENÜBER DEM LEBEN, VON DEM DU KEINEN BLASSEN DUNST HAST!»

Dann Fort Dix: Nachtübungen auf dem Schießstand, Liegestütz im Regen, Berge von Stampfkartoffeln und DelMonte-Fruchtcocktail zum «Dinner» – und das gleiche wieder, mit Eipulver, im Morgengrauen –, und es waren noch keine vier der acht Wochen infanteristischer Grundausbildung vorbei, als in seinem Regiment ein Absolvent des Seton Hall College an Meningitis starb. Sollte sein Vater womöglich *recht* gehabt haben? War angesichts der Realitäten des Lebens in der Armee und der Tatsache des Koreakrieges seine Haltung zum ROTC schiere Idiotie gewesen? Konnte er, ein Summa-cum-laude-Student, einen derart entsetzlichen und unwiderruflichen Fehler begangen haben? O Gott, wenn er sich nun eine spinale Meningitis holte, weil er jeden Morgen mit einem Haufen von fünfzig Mann denselben Lokus benutzen mußte! Was für ein Preis für irgendwelche Prinzipien gegenüber dem ROTC! Oder er holte sich die Krankheit beim Schrubben der zahllosen stinkenden Abfalltonnen der Kompanie – ein Job, der bei den Marathonschichten des Küchendienstes grundsätzlich ihm zuzufallen schien. ROTC würde (wie sein Vater es prophezeit hatte) sehr gut ohne ihn auskommen, ROTC würde sogar blühen und gedeihen, doch was wurde aus dem Mann mit Prinzipien, würde er über einem Abfallhaufen zusammenbrechen und sein Leben lassen, ohne jemals die Front zu erreichen?

Doch genau wie Dilsey (von dem nur Zuckerman je gehört hatte, denn sein Zug bestand ausschließlich aus Puertoricanern) hielt er durch. Allerdings war die Grundausbildung kein Zuckerschlecken, zumal sie unmittelbar auf sein letztes triumphales Jahr in Bass folgte, wo er nur zwei Kurse belegen mußte, von denen der eine das von Caroline Benson geleitete Englisch-Kolloquium war, das mit neun Stunden angerechnet wurde. Zusammen mit den beiden anderen jüdischen Überfliegern von Bass bildete Zuckerman das intellektuelle Kraftwerk des «Seminars», das mittwochs um drei Uhr begann und bis nach sechs dauerte – Dämmerung in Herbst und Frühjahr, Dunkelheit im Winter; man saß im Wohnzimmer von Miss Bensons gemütlichem

Haus voller Bücher und Kamine auf
Queen-Anne-Stühlen um einen abgewetzten
Orientteppich. Die sieben christlichen Kritiker im «Seminar» wagten kaum, den
Mund aufzumachen, wenn die drei dunkelhaarigen Juden (allesamt desertiert von der
erstklassigen jüdischen Studentenverbindung und gemeinsam Gründer des ersten
literarischen Magazins in Bass seit – ah,
wie er es genoß, das zu sagen – Ende des
19. Jahrhunderts), wenn also diese drei Juden anfingen, lauthals und gestikulierend
über *Sir Gawain und der Grüne Ritter* zu
debattieren. Caroline Benson, eine alte
Jungfer (die, anders als seine Mutter, nicht
wesentlich jünger aussah, als sie war), hatte
wie all ihre amerikanischen Vorfahren drüben in Manchester das Licht der Welt erblickt und war später in Wellesley und «in
England» erzogen worden. Im Laufe seiner
Studienzeit erfuhr Nathan, daß «Caroline
Benson und ihr New Yorker Jude» eine
ausgesprochen lokale Tradition waren und
genauso untrennbar zu Bass gehörten wie
das lässig-lockere «Hallo», das der Dekan
so liebte, oder die Football-Rivalität mit
der University of Vermont, die alljährlich
auf dem ansonsten respektablen Campus in
einer religiösen Inbrunst gipfelte, wie sie

einem in diesem Jahrhundert außerhalb des australischen Buschs höchst selten begegnete. Die witzigeren Neuengländer unter den Studenten sprachen von «Carolines Déjà-juif-Erlebnis, wobei man immer das Gefühl hat, einen alten Bekannten aus einem früheren Semester vor sich zu haben...» Ja, wie sich zeigte, war er nur einer in einer langen Reihe – und es störte ihn nicht. Wer war schon Nathan Zuckerman aus Camden, New Jersey, daß er es sich hätte leisten können, seinen ungebildeten Kopf abzuwenden von der Weisheit einer Caroline Benson, die in England erzogen worden war? Immerhin hatte sie ihm bereits in der allerersten Stunde ihres Literaturseminars für Studienanfänger beigebracht, wie man das g in «lenght» aussprach; bis zu den Weihnachtsferien hatte er gelernt, das h in «whale» zu aspirieren; und noch vor Jahresende hatte er das Wort «Typ» für immer aus seinem Wortschatz gestrichen. Besser gesagt, sie hatte es getan. Wozu allerdings nicht viel gehörte.

«Mr. Zuckerman, in *Stolz und Vorurteil* gibt es keine ‹Typen›.»

Ja, er war froh, Dinge wie diese zu lernen, hoch erfreut sogar. Zwar konnte sie ihm mit einem solchen Satz, zumal wenn sie ihn in ihrem überpräzisen Neuengland-Akzent dahersagte, die Scharlachröte ins Gesicht treiben, doch bei aller Eitelkeit ließ er derartiges ohne Wimpernzucken über sich ergehen – jedwede Kritik oder Korrektur, und mochte sie noch so penibel sein, nahm er hin mit der Verzückung eines gemarterten Heiligen.

«Ich glaube, ich muß lernen, besser mit Menschen auszukommen», hatte er erwidert, als er eines Tages Miss Benson in der philosophischen Fakultät auf dem Korridor begegnete und sie ihn fragte, warum er ein Abzeichen der Studentenverbindung trage (er hatte es sich an die Brust des neuen V-Pullovers gesteckt, in dem er, wie seine Mutter fand, richtig wie ein College-Student aussah). Die Reaktion, die Miss Benson auf seine Pläne zur charakterlichen Besserung zeigte, war so profund und zugleich so einfach, daß Zuckerman tagelang herumlief und sich den simplen Fragesatz wieder und wieder vorsagte; genau wie *Von Zeit und Strom* bestätigte ihm ihre Äußerung etwas, das er im Innersten schon immer gewußt hatte, ohne jedoch darauf vertrauen zu können, ehe nicht eine Person von unbestreitbarer moralischer Kompetenz und Reinheit es artikulierte: «Warum», fragte Caroline Benson den Siebzehnjährigen, «sollten Sie so etwas lernen wollen?»

Jener Mainachmittag im letzten Studienjahr, als er eingeladen worden war – nicht Osterwald, nicht Fischbach, sondern Zuckerman, der Erwählte unter den Erwählten –, im «englischen» Garten hinter ihrem Haus mit Caroline Benson «den Tee zu nehmen», hatte ihm zweifellos die kultiviertesten vier Stunden seines jungen Lebens beschert. Miss Benson hatte ihn aufgefordert, seine soeben beendete Abschlußarbeit mitzubringen, und da saß er nun in Jackett und Krawatte inmitten von zahllosen Blumenarten, deren Namen er nicht kannte (ausgenommen nur die Rose), nippte vom Tee gerade so viel, wie es sich höflicherweise bewerkstelligen ließ (heißer Tee mit Zitrone war für ihn noch immer untrennbar mit Kranksein als Kind verbunden), mümmelte Brunnenkresse-Sandwiches (von denen er vor jenem Nachmittag noch nie etwas gehört hatte – und die er nicht missen würde, sollte er nie wieder etwas von ihnen hören) und las Miss Benson seine Arbeit vor, die dreißig Seiten umfaßte und betitelt war: «Unterdrückte Hysterie: Eine Studie der unterschwelligen Seelenangst in einigen Romanen von Virginia Woolf». In der Arbeit wimmelte es von Wörtern, die ihn mittlerweile ungeheuer faszinierten und die er daheim in Camden am Wohnzimmertisch kaum jemals gebraucht hatte: «Ironie» und «Werte» und «Schicksal», «Wille» und «Vision» und «Authentizität», und vor allem natürlich «menschlich», ein Wort, an dem er in besonderem Maße hing. In diversen Randbemerkungen war er wegen seines exzessiven Gebrauches des Wortes ermahnt worden. «Überflüssig», pflegte Miss Benson anzumerken. «Redundant.» «Manieriert.» Nun, ihr mochte es überflüssig erscheinen, nicht aber dem jungen Studenten: menschlicher Charakter, menschliche Möglichkeiten, menschliche Irrtümer, menschliches Leid, menschliche Tragödie. Leiden und Scheitern, das Thema so vieler Romane, die ihn «bewegten», waren «menschliche Bedingtheiten», über die er als Student im fortgeschrittenen Semester mit erstaunlicher Luzidität und Bedeutsamkeit zu sprechen verstand – erstaunlich deshalb, weil sein ärgstes Leid bis dahin im großen und ganzen auf Erlebnisse im Zahnarztstuhl beschränkt gewesen war.

Zuerst sprachen sie über seine Arbeit, dann über die Zukunft. Miss Benson erwartete von ihm, daß er nach der Army seine literarischen Studien in Oxford oder Cambridge fortsetzen werde. Sie fand, es sei eine gute Idee, wenn Nathan einen Sommer lang durch England radeln würde, um die großen Kathedralen zu besichtigen. Die Vorstellung gefiel ihm. Mit Rücksicht auf Miss Bensons Alter, Position und Charakter umarmten sie einander nicht am Ende jenes vollkommenen Nachmittags. Zuckerman war bereit und willig gewesen, verspürte er doch einen geradezu überwältigenden Drang, zu umarmen und umarmt zu werden.

Den acht elenden Wochen infanteristischer Grundausbildung folgten acht nicht minder elende Wochen militärpolizeilicher Ausbildung in einer Horde von Großstadt-Rowdies und Südstaaten-Hillbillies unter der äquatorialen Sonne von Fort Benning, Georgia. In Georgia lernte er, den Verkehr so zu dirigieren, daß er «reibungslos» floß (wie es im Handbuch hieß), und jemandem, wenn es ihm geboten erschien, durch einen Hieb mit dem Schlagstock den Kehlkopf zu zertrümmern. Zuckerman legte an diesen Militärschulen die gleiche konzentrierte Aufmerksamkeit an den Tag, die ihm in Bass das «Summa cum laude» eingetragen hatte.

Zwar gefielen ihm seine Kameraden sowenig wie das Umfeld und das ganze «System», aber da er andererseits keine Lust hatte, in Asien zu sterben, widmete er sich jedem Detail seiner Ausbildung, als hinge sein Leben davon ab – was ja auch der Fall sein würde. Im Unterschied zu manchen anderen College-Absolventen in seiner Ausbildungskompanie tat er nicht so, als fände er die Bajonettübungen abstoßend oder amüsant. Sich über soldatische Fähigkeiten abfällig zu äußern, das konnte man sich leisten, solange man Student in Bass war; ganz anders sah die Sache aus, wenn man einer Army angehörte, die im Krieg stand. «TÖTEN!» schrie er, «TÖTEN!» genauso «aggressiv», wie man ihm befohlen hatte, und er stieß das Bajonett tief in die Eingeweide des Sandsacks; er würde die sterbende Attrappe sogar bespuckt haben, hätte man ihm gesagt, das sei die übliche Prozedur. Er wußte, wann er den Überlegenen herauskehren konnte und wann nicht – zumindest fing er an, es zu lernen. «Was seid ihr?» fauchte Sergeant Vinnie Bono von der Ausbilderplattform herab (Sergeant Bono war vor dem Koreakrieg Jockey gewesen und stand in dem Ruf, eine halbe nordkoreanische Kompanie mit dem bloßen Feldspaten erschlagen zu haben) – «Was seid ihr mit euren steifen Stahlpimmeln, Soldaten – Miezekätzchen oder Löwen?» – «LÖWEN!» brüllte Zuckerman, denn er hatte keine Lust, in Asien zu sterben, oder anderswo, niemals.

Aber es würde ihn erwischen, fürchtete er, und zwar eher früher als später. Beim Morgenappell in Georgia wurden die Soldaten zum Auftakt für einen langen Tag von ihrem Hauptmann, dem man es nur schwer recht machen konnte, erst mal gehörig zusammengestaucht – «Ich garanficktiere Ihnen, meine Herren, daß kein Bammelpimmel aus diesen Bumsbaracken rauskommt, um noch einer einzigen Zicke an den Zitzen zu zutzeln –», und Zuckerman, sonst ein fröhlicher, ein dynamischer Frühaufsteher, hatte plötzlich die Vision von einem massigen, besoffenen Soldaten, der in einem Gäßchen hinter einem Puff in Seoul über ihn herfiel. Fachmännisch schlug er dem Angreifer gegen den Kehlkopf, gegen die Kniescheibe, in die Hoden, er bediente sich sämtlicher Schläge, mit deren Hilfe er während der Übungen die Attrappe außer Gefecht gesetzt hatte, doch wer schließlich mit dem Gesicht im Dreck liegen würde, wäre Zuckerman, vom Genischer Angst erfüllt wie im Alter von vier, als er endlich lernen mußte, in seinem Zimmer ohne Licht zu schlafen. Und die verzweifelte Sehnsucht nach Mommys Armen oder dem Gefühl von Daddys unrasierter Wange wollte nicht aufhören. Wenn er mit Sharon telefonierte und ihr gegenüber den Tapferen spielte, überkam ihn hinterher das gleiche heulende Elend. Während des Gesprächs, wenn *sie* weinte, hatte er sich ganz gut unter Kontrolle, aber sobald es an der Zeit war, das Telefon dem nächsten Soldaten in der Schlange zu überlassen, sobald er die Telefonzelle verließ, in der es ihm so gut gelungen war, sie aufzuheitern, und sich im Dunkeln auf den Rückweg über das unfreundliche Kasernengelände machte – «Yes, the red we want is the red we got in th' old red, white, and blue» –, mußte er sich wahnsinnig zusammenreißen, um nicht lauthals gegen die grauenvolle Ungerechtigkeit seines unabwendbaren Verderbensanzuschreien. Keine Sharon mehr! *Keine Sharon mehr!* KEINE SHARON MEHR! Welch gewaltige Dimensionen der Verlust von Sharon Shatzky in der Vorstellung des jungen Zuckerman annahm. Und wer war sie? Wer war Sharon Shatzky, daß er sich bei dem Gedanken, sie für immer verlassen zu müssen, die Hand auf den Mund preßte, um zu verhindern, daß er den Mond anheulte?

Sharon war die siebzehnjährige Tochter von Al «the Zipper King» Shatzky. Der «Reißverschluß-König» war mit seiner Familie vor kurzem nach Country Club Hills gezogen, wo auch Nathans Eltern inzwischen wohnten – eine Siedlung mit teuren Häusern im Ranch-Stil an der Peripherie von Camden, inmitten einer Landschaft, die so platt und baumlos war wie die Badlands von Dakota. Zuckerman hatte Sharon in der Zeit zwischen seinem Examen und der Einziehung zum Militär im Juli kennengelernt. Vor ihrer ersten Begegnung hatte seine Mutter Sharon als «eine perfekte kleine Lady» geschildert, und sein Vater hatte behauptet, Sharon sei «ein reizendes, reizendes Kind», und die Folge war, daß Zuckerman nicht im Traum mit der gertenschlanken, rothaarigen Amazone mit den grünen Augen gerechnet hatte, die an jenem Abend in sehr kurzen Shorts und mit mürrischem Gesicht im Schlepptau von Al und Minna aufkreuzte. Beide Elternpaare überschlugen sich bei ihren Bemühungen, sie wie ein Baby zu behandeln, als ließe sich auf diesem Wege verhindern, daß der College-Absolvent die verlockenden Kurven ihres Hinterns unter den knappen Shorts registrierte. Mrs. Shatzky war gerade an jenem Tag mit Sharon in Philadelphia gewesen, um für sie «College-Garderobe» einzukaufen. «Mutter, bitte», sagte Sharon, als Minna zu schildern begann, wie «anbetungswürdig» Sharon in jedem einzelnen ihrer neuen Kleidungsstücke aussah. Al verkündete (voller Stolz), Sharon Shatzky besitze jetzt mehr Paar Schuhe als er Unterhosen. «*Daddy*», stöhnte Sharon und schloß verzweifelt ihre Dschungelaugen. Zuckermans Vater meinte, daß sich Sharon mit irgendwelchen Fragen bezüglich des College-Lebens getrost an seinen Sohn wenden könne, der sei in Bass Herausgeber «der Schulzeitung» gewesen. Gemeint war die literarische Zeitschrift, die Zuckerman herausgegeben hatte, aber er war inzwischen an die Ungenauigkeiten gewöhnt, die seinen Eltern unterliefen, wenn sie ihn wegen seiner Leistungen in der Öffentlichkeit zu loben versuchten. Tatsächlich war seine Toleranz hinsichtlich ihrer Unzulänglichkeiten in jüngster Zeit in gewaltigen Schüben gewachsen. Wo er sich noch vor nur einem Jahr aufgeregt hätte über irgendeinen Ausspruch seiner Mutter, den sie offenkundig wortwörtlich aus *McCall's Magazine* übernommen hatte (oder über die Tatsache, daß sie nicht wußte, was ein «objektives Korrelat» war oder in welchem Jahrhundert Dryden gelebt hatte), ließ er sich jetzt kaum noch aus der Ruhe bringen. Er hatte auch den Versuch aufgegeben, seinen Vater über die Feinheiten des Syllogismus zu belehren; offensichtlich war der Mann unfähig zu kapieren, daß die beiden Prämissen mindestens einen Mittelbegriff miteinander gemein haben mußten, da sonst ein Fehlschluß unvermeidlich war – doch warum sollten solche Lappalien Zuckerman jetzt noch kümmern? Er konnte es sich leisten, großzügig zu sein gegenüber Eltern, die ihn auf ihre Art liebten (auch wenn es mit dem logischen Verstand und der Bildung haperte). Außerdem war, um die Wahrheit zu sagen, in den letzten vier Jahren aus dem Sproß der Zuckermans immer mehr der Student der Miss Benson geworden... Und so war er an jenem Abend freundlich und liebenswürdig zu allen, auch wenn er sich über vieles «amüsierte», was er sah und hörte; die Fragen der Shatzkys zum «College-Leben» beantwortete er ohne jede Spur von Spott oder Arroganz (soweit er selbst es beurteilen konnte), und die ganze

Zeit versuchte er (erfolglos), seine Blicke von Sharons kecken Brüsten unter dem eingelaufenen Polohemd abzuwenden und von der verführerischen Konstruktion ihres Oberkörpers, der sich über ihrer schlanken, biegsamen Taille erhob, und von den pantherartigen Bewegungen, mit denen sie auf den Ballen ihrer bloßen Füße über den Auslegeteppich glitt... Schließlich: Was konnte ein Student der englischen Literatur, der noch vor wenigen Wochen in Caroline Bensons Garten mit Tee und Brunnenkresse-Sandwiches bewirtet worden war, zu schaffen haben mit der verwöhnten, spießigen Tochter von Al «the Zipper King» Shatzky?

Als Zuckerman seine Abschlußprüfungen an der MP-School machte (als drittbester seines Kurses, genau wie in Bass), hatte Sharon gerade ihr Studium am Juliana Junior College bei Providence begonnen. Und Abend für Abend schrieb sie ihm auf rosa Papier mit Monogramm und gezacktem Rand, das Zuckermans Mutter der perfekten jungen Lady zum Abschied geschenkt hatte, skandalöse Briefe: «liebster, liebster, beim tennis in der sportstunde konnte ich an nichts anderes denken als wie ich auf allen vieren durchs zimmer zu deinem schwanz krieche und mir deinen schwanz ans gesicht drücke ich liebe es deinen schwanz im gesicht deinen schwanz an meiner wange an meinen lippen meiner zunge meiner nase meinen augen meinen ohren deinen herrlichen schwanz in mein haar zu wickeln –» und so weiter. Das Wort, das er ihr (neben anderen) beigebracht hatte und das sie, auf seinen Wunsch hin, beim Geschlechtsverkehr und zum Aufgeilen auch am Telefon und in ihren Briefen benutzte – es besaß eine starke Faszination für das junge Mädchen, eingesperrt in seinem Schlafsaal in Rhode Island: «jedesmal wenn der ball übers netz kam», schrieb Sharon, «sah ich oben drauf deinen wundervollen schwanz.» Natürlich weigerte er sich, diese letzte Behauptung zu glauben. Wenn Sharon als Anbeterin der Fleischeslust einen Fehler hatte, so war es ihr Hang zu einer unangemessen hochtrabenden Ausdrucksweise, mit der Folge, daß ihre Prosa (für die Zuckerman, geschult von Miss Benson in ihrer spezifischen Variante des New Criticism, an sich besonders empfänglich war) oft durch allzu leichtfertige Übertreibungen sein Stilempfinden beleidigte. Er empfand ihre Elaborate nicht als Aphrodisiakum, sondern sie ernüchterten ihn meist durch ihre banale Beharrlichkeit, so daß er sich weniger an D. H. Lawrence erinnert fühlte als vielmehr an jene hektographierten Geschichten, die ihm sein Bruder heimlich von der Navy mitgebracht hatte. Besonders ihre Verwendung der Wörter «Fotze» (modifiziert durch «heiß») und «Schwanz» (modifiziert durch «groß» oder «herrlich» oder beides) konnte so manieriert und aufdringlich, in einem Wort, so sentimental sein wie der Gebrauch respektive Mißbrauch des Adjektivs «menschlich» durch den Collegestudenten Zuckerman. Ebensowenig gefiel ihm ihre konsequente Mißachtung der elementarsten grammatikalischen Regeln: die fehlende Interpunktion und die beharrliche Kleinschreibung in ihren obszönen Briefen waren keine besonders originellen Trotzgesten (und auch keine interessanten, fand Zukkerman, mochte der Bildersturm nun von Shatzkyscher Erziehung oder von strömenden Säften ausgelöst sein), und um als Mittel zur Kommunikation ungezähmter Leidenschaft zu taugen, hätte seiner Meinung nach – und immerhin war er ein glühender Verehrer nicht nur von *Mrs. Dalloway* und *Die Fahrt zum Leuchtturm*, sondern auch von *Madame Bovary* und *Die Gesandten* (über Thomas Wolfe war er inzwischen endgültig hinaus) – das Niveau der Vorstellungskraft weniger primitiv sein müssen.

An der Leidenschaft als solcher hatte er indes nichts auszusetzen.

Annähernd über Nacht (Korrektur: buchstäblich über Nacht) verwandelte sich die Jungfrau, deren Blut ihm die Schenkel befleckt und das Schamhaar verklebt hatte, als er sie auf einer Wolldecke auf der Rückbank im neuen Cadillac seines Vaters nahm, in das wollüstigste Wesen, das ihm je begegnet war. In Bass hatte es solche wie Sharon nicht gegeben, jedenfalls war ihm keine von ihnen untergekommen, und dabei hatte er sich von dem halben Dutzend Gefügigen auf dem College keine entgehen lassen. Aber nicht einmal Barbara Cudney, Starschauspielerin der Bass Drama Society und Freundin Zuckermans während seines von Erfolg und Ruhm gekrönten letzten Collegejahres, ein Mädchen, das sich in *Medea* quer über die ganze Bühne geworfen hatte und jetzt an der Yale Drama School studierte, nicht einmal sie besaß etwas von Sharons sinnlicher Abenteuerlust und Theatralik; auch war es Zuckerman niemals in den Sinn gekommen, Barbara trotz ihres freien und ungehemmten Wesens um Gefälligkeiten zu bitten, die ihm Sharon geradezu aufdrängte. Im Grunde war der Lehrer seiner Schülerin keineswegs so weit voraus, wie er sie glauben machte, auch wenn er seine Verblüffung über ihre Bereitwilligkeit, jede seiner absurden Launen und Lüste zu befriedigen, natürlich für sich behielt. Anfangs überstieg es gänzlich sein Verständnis, dieses Animalische, das er durch den simplen Akt der Penetration in ihr geweckt hatte, und es erinnerte ihn an jene anderen erschreckenden und verblüffenden Metamorphosen, deren Zeuge er gewesen war – die Verwandlung seiner Mutter in ein Klageweib, als Sherman zur Navy ging, und Shermans Niedergang vom Glamour-Boy zum Kieferorthopäden. Bei Sharon brauchte er sexuelle Kapriolen nur leise *anzudeuten*, brauchte seine Wünsche nur vorsichtig *durchblicken* lassen – denn er war keineswegs ohne Hemmungen –, und schon nahm sie die entsprechende Position ein oder schaffte die notwendigen Accessoires herbei. «Sag mir, was ich sagen soll, Nathan, sag mir, was ich tun soll.» Da Zuckerman ein sehr phantasievoller junger Mann war und Sharon so begierig, ihm seine Wünsche zu erfüllen, gab es in jenem

Juni in jeder Nacht etwas – fast – völlig Neues und Aufregendes zu tun.

Das Gefühl des Abenteuerlichen bei ihren Liebesspielen (wenn das hier der passende Ausdruck ist) wurde noch verstärkt durch die Tatsache, daß beide Elternpaare derweil oft in einem anderen Teil des Hauses oder draußen auf der Terrasse waren, wo sie Eistee tranken und palaverten. Während er Sharon auf dem Fußboden unter der Tischtennisplatte im Keller ihres Elternhauses pimperte, rief Zuckerman von Zeit zu Zeit laut und vernehmlich: «Toll geschmettert» oder «Toller Return, Sharon» – und derweil hockte das hitzige junge Mädchen wie ein Hund auf allen vieren vor ihm und flüsterte: «Oh, es ist so sonderbar. Es tut weh, aber es tut nicht weh. Oh, Nathan, es ist *so sonderbar.*»

Äußerst pikante Situation; eher verwegen als entspannend (schließlich hatte es Al Shatzky nicht mit Heilsarmee-Methoden zum Reißverschluß-König gebracht), aber unwiderstehlich. Auf Vorschlag der Erwachsenen gingen sie spätabends in die Küche, um wie artige kleine Kinder aus Suppenschüsseln riesige Portionen Eiscreme mit Sirup zu vertilgen. Draußen auf der Terrasse amüsierten sich die Erwachsenen über den Mordsappetit der beiden Kleinen – ja, das waren genau die Worte seines Vaters –, während Zuckerman unter dem Tisch, an dem sie saßen, mit seinem großen Zeh Sharon zum Orgasmus brachte.

Am allerbesten waren die «Shows». Zu Zuckermans Vergnügen und auf sein Betreiben stellte sich Sharon bei geöffneter Tür in das hell erleuchtete Badezimmer und lieferte ihm eine «Show» wie auf der Bühne, während er am anderen Ende des Korridors im dunklen Wohnzimmer saß und so tat, als würde er fernsehen. Eine «Show» bestand darin, daß Sharon sich ihrer Kleider entledigte (sehr langsam und sehr gekonnt, ganz die professionelle Stripperin), um dann, die spärliche Unterwäsche zu ihren Füßen, diverse Objekte einzuführen. Fasziniert (vom Fernsehprogramm, so schien es) starrte Zuckerman durch den Korridor zu dem nackten Mädchen, das sich, wie er es ihr erklärt hatte, auf dem Plastikgriff ihrer Haarbürste oder auf ihrem Scheidenpflegegerät oder, einmal, auf einer Zucchini wand, die zu ebendiesem Zweck am selben Tage gekauft worden war. Der Anblick der langen, grünen Gurke (ungekocht, versteht sich), die in ihren Körper hinein- und wieder herausschlüpfte, der Anblick der Zipper-King-Tochter, die mit gespreizten Schenkeln auf dem Rand der Badewanne saß und die ganze Länge ihres Körpers wollüstig einem Gemüse hingab, war ein derart mysteriöser und fesselnder Anblick, wie ihn Zuckerman in seinem (zugegebenermaßen) säkularen Leben noch nicht genossen hatte. Vergleichbar höchstens jener aufregenden Szene vom selben Abend, als sie auf allen vieren, den Blick auf sein entblößtes Glied gerichtet und mit zuckend vorgestreckter Zunge, durch das Wohnzimmer ihrer Eltern kroch. «Ich will deine Hure sein», raunte sie ihm zu (dies ganz ohne seine Anregung), während auf der Terrasse ihre Mutter seiner Mutter erzählte, wie hinreißend Sharon in dem Wintermantel aussehe, den sie am Nachmittag für sie gekauft hatten.

Wie sich zeigte, war es keine eigentlich komplizierte Rebellion, in der Sharon sich übte, aber sie war ja auch kein kompliziertes Mädchen. Was das Verständnis für ihr Verhalten dennoch so erschwerte, war die Tatsache, daß es so erbärmlich *durchschaubar* war. Sharon haßte ihren Vater. Ein Grund für ihren Haß – behauptete sie jedenfalls – war der häßliche Familienname, den zu *ändern er sich strikt weigerte*. Vor vielen, vielen Jahren, als sie noch in der Wiege lag, waren die fünf Shatzky-Brüder zusammengekommen und hatten den Entschluß gefaßt, den Familiennamen zu ändern, «aus geschäftlichen Gründen». Sie hatten sich für Shadley entschieden. Nur einer der fünf, Sharons Vater, hatte sich geweigert mitzumachen. «Ich schäme mich nicht», sagte er zu den anderen vier – und wurde dann, wie er seiner Tochter berichtete, der Erfolgreichste von allen. Als würde das, protestierte Sharon bei Zuckerman, irgend etwas beweisen! Und die schiere *Häßlichkeit des Namens*? Wie hörte sich das denn für andere an? Gerade wenn ein Mädchen so hieß! Ihre Cousine Cindy war Cindy Shadley, ihre Cousine Ruthie war Ruthie Shadley – von allen Mädchen in der Familie war nur noch sie eine Shatzky! «Reiß dich zusammen, bitte – ich bin ein Markenname», hatte ihr Vater gesagt. «Ich bin im ganzen Land bekannt. Soll ich mich plötzlich Al ‹the Zipper King› Shadley nennen? Wer soll denn das sein, Honey?» Tatsache war, daß sie es mit fünfzehn im Grunde auch nicht mehr besser ertrug, daß er sich «Reißverschluß-König» nannte. «The Zipper King» war genauso furchtbar wie Shatzky – in gewisser Weise sogar noch schlimmer. Sie wollte einen Vater mit einem Namen, der weder ein Witz noch eine glatte Lüge war; sie wollte einen *richtigen Namen*; und eines Tages drohte sie ihm, wenn sie alt genug war, würde sie einen Rechtsanwalt engagieren und zum Kreisgericht gehen und sich einen verschaffen. «Du wirst schon einen kriegen, keine Angst – und weißt du, wie? So wie alle netten Mädchen. Du wirst heiraten, und wenn ich bei deiner Hochzeit weine, dann vor Glück darüber, daß ich mir dieses Theater wegen des *Namens* nicht mehr anzuhören brauche –» und so weiter, immer die gleiche Arie, für Sharon fünf quälende Jahre der Pubertät. Die noch immer nicht ganz vorbei war. «Was ist denn Shatzky anderes», jammerte sie Zuckerman vor, «als die Vergangenheitsform von Shitzky? Oh, warum will er ihn nicht ändern? Wie *stur* ein Mensch sein kann!»

Bei den zornigen Ergüssen über ihren Familiennamen war Sharon komischer denn je – allerdings unfreiwillig. In Wahrheit fand Zuckerman sie, wenn sie nicht gerade eine heiße Nummer für ihn abzog, ziemlich langweilig. Sie hatte von nichts eine Ahnung. Weder konnte sie das *g* in «length» richtig aussprechen noch das *h* in «when» oder «why» aspirieren, ganz zu schweigen von «whale», sofern das Gespräch zufällig auf Melville kam. Dafür hatte sie ein Cockney-Philadelphia-O drauf, wie er es sonst allenfalls bei Taxifahrern gehört hatte. Kapierte sie ausnahmsweise eine seiner Pointen, dann seufzte sie und rollte die Augen gen Himmel, so als seien seine Feinsinnigkeiten denen ihres Vaters gleichzusetzen – Zuckerman, der H. L. Mencken, *der* Literaturpapst des Bass College!, dessen Leitartikel (über Verfehlungen der Verwaltung und der Studentenschaft) Miss Benson mit dem gnadenlosen Witz eines Jonathan Swift verglichen hatte! Wie sollte er jemals mit Sharon nach Bass fahren, um Miss Benson zu besuchen? Und wenn sie dann anfinge, Miss Benson ihre ebenso sinn- wie endlosen Anekdoten von sich und irgendwelchen High-School-Freundinnen zu erzählen? Oh, wenn sie ins Reden kam, konnte sie einen in Langeweile ertränken! In Gesprächen brachte Sharon selten einen Satz zu Ende, denn meistens pappte sie, in Zuckermans Augen eine abscheuliche Unart, die Wörter mit Hilfe einer klebrigen Mixtur von «weißt dus» und «ich findes» zusammen oder mit begeisterten Ausrufen wie «echt toll», «echt irre» und «echt Klasse»... letzteres gewöhnlich zur Charakterisierung einer Bande von Kids, mit der sie sich als Fünfzehnjährige in Atlantic City rumgetrieben hatte, im vorletzten Sommer also.

Vulgär, kindisch, ungebildet, bar jener Zartheit des Gefühls und Vornehmheit des Geistes, die er maßlos bewunderte in den Romanen – in der Person – von Virginia Woolf, deren Foto während seines letzten Semesters in Bass über seinem Schreibtisch gehangen hatte. Als er nach einem wilden und unbändigen Monat mit Sharon zur Army ging, war er insgeheim erleichtert, Als und Minnas hochaufgeschossenen Sprößling hinter sich gelassen zu haben (scheinbar unverändert, wie er sie vorgefunden hatte); sie war eine schmachtende Sklavin und außergewöhnliche Bettgefährtin, aber kaum die richtige Seelenpartnerin für jemanden, der gegenüber großen Autoren und großen Büchern empfand wie er. So jedenfalls schien es ihm bis zu dem Tag, an dem man ihm sein M1-Gewehr aushändigte und er feststellte, daß er jeden brauchte, den er hatte.

«Ich liebe deinen Schwanz», schluchzte das Mädchen ins Telefon. «Dein Schwanz fehlt mir *so sehr*. Oh, Nathan, ich spiele mit meiner Möse, ich spiele mit meiner Möse und stelle mir vor, daß du es bist. Oh, Nathan, soll ich kommen, jetzt hier am Telefon? Nathan –?»

In Tränen aufgelöst, voller Entsetzen, wankte er aus der Telefonzelle: allein der Gedanke, daß es ihn und seine Genitalien schon bald nicht mehr geben würde! Oh, und wenn nur die Genitalien dran glauben mußten, während er weiterlebte – angenommen, unter seinen Stiefeln würde eine Landmine explodieren, und dann würde man ihn zurückschicken zu einem Mädchen wie Sharon Shatzky, mit einer Leerstelle zwischen den Beinen. «Nein!» befahl er sich. «Hör auf, so was zu denken! Schluß damit! Benutz deinen Verstand! Ist doch bloß ein irrationales Schuldgefühl wegen Sharon und der Zucchini – ist doch bloß die Angst vor Strafe, weil du die Tochter vor der Nase des Vaters gebumst hast! Klassischer Fall von Bestrafungsphantasien! *Aber so was kann einfach nicht passieren!» Ihm jedenfalls nicht,* das war es, was er meinte, denn in einem Krieg passieren solche Dinge durchaus, und zwar jeden Tag.

Und dann landete er nach acht Wochen Infanterieausbildung und weiteren acht Wochen auf der MP-School in der Schreibstube einer Versorgungseinheit in Fort Campbell, im hintersten Südwesten von Kentucky, sechzig Meilen östlich von Paducah und achttausend Meilen östlich von den Landminen. Glückspilz Zuckerman! Nutznießer eines jener administrativen Irrtümer, durch die aus Verdammten urplötzlich Begnadigte werden und aus Sonntagskindern über Nacht Todeskandidaten. Auch solche Dinge passieren jeden Tag.

Zuckerman konnte nur mit den Zeigefingern tippen und war gänzlich unbedarft, was Ablage und das Ausfüllen von Formularen anging; doch zu seinem Glück war der für den ihm zugeteilten Bereich verantwortliche Hauptmann so froh darüber, einen Juden als Prügelknaben zu haben – auch solche Dinge passieren –, daß er bereit war, sich mit einem unfähigen Gehilfen abzufinden. Er verzichtete darauf, den administrativen Fehler zu korrigieren – was jener unfähige Gehilfe ständig befürchtete –, der Zuckerman nach Fort Campbell statt in sein blutiges Verhängnis befördert hatte, das im Schlamm hinter einem Puff in Seoul auf ihn lauerte, und er forderte auch keinen Ersatz für ihn an. Statt dessen nutzte Captain Clark die Gelegenheit, sich jeden Nachmittag einzuspielen, ehe er zur täglichen Runde über den Golfplatz beim Flughafen aufbrach, indem er Baumwoll-Golfbälle aus seinem Büro hinüber zu der Nische schlug, in der sein inkompetenter Schreiber saß. Zuckerman gab sich alle Mühe, einen gelassenen Eindruck zu machen, wenn die Golfbälle von seinem Hemd abprallten. «Treffer, Sir», sagte er mit einem Lächeln.

«Nich ganss», erwiderte sein Vorgesetzter in tiefer Konzentration, «nich ganss...», und er fuhr fort, Golfbälle durch die offene Tür seines Büros zu peitschen, bis er endlich sein Ziel traf. «Ah, das isses, Zuckelman, genau auf den Rüssel.»

Sadistischer Hund! Südstaaten-Schwein! Jeden Tag nach Dienstschluß machte sich Zuckerman auf den Weg zum Büro des Generaladjutanten, um sich offiziell über Captain Clark zu beschweren (der, soweit er wußte, heimlich Mitglied des Ku-Klux-Klan war). Aber da Zuckerman eigentlich in Kentucky gar nicht sein durfte, sondern einen Vernichtungskrieg in Korea führen sollte (wo er noch immer landen konnte, wenn er sich mit Clark anlegte), erschien es ihm jedesmal wieder ratsam, seine Empörung zu unterdrücken und zum Abendessen in die Kantine zu gehen und anschließend in die Standortsbibliothek, wo er seine Lektüre von Werken der Bloomsbury-Gruppe fortsetzte, sich dabei allerdings etwa alle Stunde eine Pause gönnte, um einen weiteren Blick auf den jüngsten obszönen Brief der verdorbenen Halbwüchsigen zu werfen, die endgültig aufzugeben er sich immer noch nicht ganz hatte entschließen können. Aber, verdammt, er war sauer! Seine Menschenwürde! Seine Menschenrechte! Seine *Religion*! Oh, wie er jedesmal, wenn so ein Baumwoll-Golfball weich von seinem Fleisch abprallte, vor Empörung kochte... was jedoch (wie der gemeine Soldat Zuckerman sehr genau wußte) etwas ganz anderes ist, als mit Blut überströmt zu sein. Auch ist es etwas ganz anderes als das, was in der Literatur, und auch im Leben, mit Leiden oder Schmerz bezeichnet wird.

Aber Zuckerman würde den Schmerz noch früh genug kennenlernen – als Entfremdung, als Demütigung, als wütende und gnadenlose Feindschaft, in Gestalt von Widersachern, die keine respektablen Dekane oder liebenden Väter oder beschränkten Offiziere im Army Quartermaster Corps waren; o ja, schon bald würde der Schmerz in seinem Leben eine Rolle spielen, und das keineswegs ganz ohne sein Zutun. Sein liebender Vater hatte ihn gewarnt: Wer den Schlamassel sucht, der wird ihn auch finden – und es sollte eine große Überraschung werden. Denn an Schärfe und an Dauer, an reiner *Schmerzhaftigkeit*, sollte es alles übertreffen, was er zu Hause, in der Schule oder bei der Army erlebt hatte, und es sollte alles übertreffen, was er sich ausgemalt hatte, wenn er das tief verletzte, seelenvolle Gesicht von Virginia Woolf betrachtete oder als er seine ausgezeichnete Abschlußarbeit über die unterschwellige Seelenangst in ihren Romanen schrieb. Schon bald nachdem er dank eines schicksalhaften Versehens – seine letzte üppige Portion Anfängerglück, wie sich erweisen sollte – in die ländlichen Gefilde der amerikanischen Südstaaten geraten war statt auf die Schlachtfelder Koreas, sollte den jungen Konquistador das Unglück ereilen. Er würde anfangen zu zahlen... für die Eitelkeit und Ignoranz natürlich, vor allem aber für die Widersprüche: die scharfe Zunge und die dünne Haut, die geistigen Sehnsüchte und die lüsternen Begierden, die einfältigen, jungenhaften Bedürfnisse und die männlichen, die autoritären Ambitionen. Ja, im Laufe der nächsten zehn Jahre seines Lebens sollte er über Bescheidenheit all das lernen, was er wohl, nach dem Willen seines Vaters, schon von Dale Carnegie hatte lernen sollen, und noch so manches. Und noch so manches mehr.

Aber das ist eine andere Geschichte, eine Geschichte, die so entsetzlich ist, daß dagegen der kleinkarierte, antisemitische Südstaaten-Offizier, der mit Baumwoll-Golfbällen auf seine Nase zielte, daß selbst die siebzehnjährige Sharon Shatzky, die für ihn auf einem Flaschenkürbis ritt wie eine Pigalle-Hure bei einer Sex-Show, gleichermaßen Teile seiner idyllischen und unschuldigen Jugend zu sein schienen wie jener längst vergangene Nachmittag in Caroline Bensons Garten bei Tee und Brunnenkresse. Die Geschichte von Zuckermans Leiden erfordert eine weit *ernsthaftere* Herangehensweise als die Schilderung jener unbeschwerten Zeit, als er noch grün war hinter den Ohren. Um das Unglück wahrheitsgetreu zu berichten, das Zuckerman jenseits der Zwanzig widerfuhr, bedarf es eines tieferen Durchforschens, einer dunkleren Ironie, einer ernsten und nachdenklichen Stimme anstelle der amüsierten Perspektive herab von der Spitze des Olymps... aber möglicherweise braucht diese Geschichte weder Ernst noch Komplexität, sondern lediglich einen anderen Erzähler, einen, der auch sie als simple, fünftausend Wörter lange Komödie sieht, was sie vielleicht tatsächlich war. Bedauerlicherweise sieht sich der Autor dieser Geschichte, zumal ihm etwa im gleichen Alter ein ähnliches Unglück widerfuhr, nicht in der Lage, auch jetzt mit Mitte Dreißig noch nicht, die Angelegenheit knapp zu berichten oder komisch zu finden. «Bedauerlicherweise» deswegen, weil er sich fragt, ob dies nicht eher etwas über den Menschen aussagt als über das Maß des Unglücks.

Epstein

Michael, der Wochenendgast, sollte in einem der beiden Betten in Herbies altem Zimmer übernachten, wo noch immer die Baseballfotos an der Wand hingen. Lou Epstein und seine Frau lagen im Schlafzimmer in dem übereck gestellten Ehebett. Das Zimmer der Tochter Sheila war leer; sie nahm mit ihrem Verlobten, dem Volksliedsänger, an einer Versammlung teil. Der Teddybär aus Sheilas Kindheit balancierte in einer Ecke auf seinem Hinterteil; er trug am linken Ohr einen Knopf mit dem Aufdruck: WÄHLT SOZIALISTISCH. Das Regal, in dem einstmals die Bücher von Louisa May Alcott eingestaubt waren, enthielt nun die Werke von Howard Fast. Es war still im Haus. Nur im Eßzimmer brannte Licht: Die Schabbeskerzen flackerten in ihren hohen goldenen Leuchtern, und die Jahrzeitkerze für Herbie zitterte in ihrem Glas.

Epstein schaute zur dunklen Schlafzimmerdecke hinauf, und das Dröhnen in seinem Kopf, das ihn den ganzen Tag gequält hatte, ließ für einen Augenblick nach. Neben ihm atmete seine Frau Goldie so mühsam, als litte sie an chronischer Bronchitis. Vor zehn Minuten hatte sie sich ausgekleidet, und er hatte zugesehen, wie sie das weiße Nachthemd über den Kopf streifte, wie es über ihre Brüste fiel, die trichterförmig bis zur Taille hingen, über ihr Hinterteil, das einem Blasebalg glich, über ihre Oberschenkel und Waden, die blau geädert waren wie eine Autokarte. Was man früher hatte kneifen können, was einmal klein und fest gewesen war, das konnte jetzt nur noch geknetet und gezupft werden. Alles war wabbelig und verfettet. Er schloß die Augen und versuchte, sich die Goldie von 1927, den Lou Epstein von 1927 vorzustellen. Von Erinnerungen überwältigt, rollte er den Bauch an sie heran und griff um sie herum nach ihren Brüsten. Die Warzen waren schlaff wie die Zitzen einer Kuh und so lang wie sein kleiner Finger. Er rollte auf seine Seite zurück.

Ein Schlüssel drehte sich in der Haustür – draußen wurde geflüstert; dann schnappte die Tür leise zu. Epstein spitzte die Ohren und wartete auf die Geräusche: Diese Sozialisten fackelten nicht lange. Nachts reichte das Zippzipp eines Reißverschlusses aus, einen Mann wach zu halten. «Was machen die denn da unten?» hatte er eines Freitagabends wütend gebrüllt. «Kleider anprobieren?» Und jetzt wartete er wieder. Er hatte ja nichts gegen ihre Liebesspiele. Er war kein Puritaner und fand es in Ordnung, daß sich junge Leute vergnügten. War er nicht auch einmal jung gewesen? Ja, aber damals, im Jahr 1927, waren er und seine Frau gutaussehende Leute. Niemand konnte Lou Epstein mit diesem kinnlosen Faulpelz vergleichen, der sich damit durchbrachte, daß er in einer Kneipe Volkslieder sang, und der Epstein einmal gefragt hatte, ob es nicht aufregend gewesen sei, in einer «Zeit großer sozialer Umwälzungen» wie den dreißiger Jahren gelebt zu haben.

Und seine Tochter – warum hatte sie nicht so werden können wie ... nun, wie die Kleine von gegenüber, Michaels Freundin, die kürzlich ihren Vater verloren hatte? Das war wirklich ein hübsches Mädchen. Sheila dagegen... Wie war das nur möglich, grübelte er, wie hatte sich dieses rosige Baby derart verändern können? In welchem Jahr, in welchem Monat waren die schmalen Knöchel so dick wie Holzklötze geworden? Wann hatte sich die samtweiche Pfirsichhaut mit Pickeln bedeckt? Einst ein bezauberndes Kind, jetzt eine dreiundzwanzigjährige Frau «mit einem sozialen Gewissen»! Auch ein Gewissen, dachte er. Den ganzen Tag ist sie auf der Suche nach Demonstrationszügen, sie marschiert durch die Stadt, damit sie abends nach Hause kommen und sich wie ein hungriger Wolf aufs Essen stürzen kann... Daß Sheila und dieser Gitarrenzupfer einander an ihren Unaussprechlichen betasteten, das war mehr als sündhaft – das war einfach widerlich. Wenn Epstein im Bett lag und lauschte, klang ihm ihr Keuchen und das Zippzipp des Reißverschlusses wie Donner in den Ohren.

Zipp!

Sie waren also wieder soweit. Er wollte nicht auf sie achten, wollte an seine anderen Probleme denken. Die Firma... nur noch ein Jahr trennte ihn von dem Zeitpunkt, da er sich, wie seit langem geplant, zur Ruhe setzen würde – aber wo war der Erbe für «Epsteins Papiertüten»? Er hatte das Unternehmen aus dem Nichts aufgebaut, hatte während der Krise und unter Roosevelt schwer zu kämpfen gehabt, und erst zuletzt, mit dem Krieg und mit Eisenhower, war der Erfolg gekommen. Der Gedanke, daß ein Fremder das Geschäft übernehmen würde, machte ihn krank. Aber was half's? Herbie, der jetzt achtundzwanzig gewesen wäre, war mit elf Jahren an Kinderlähmung gestorben. Und Sheila, seine letzte Hoffnung, wollte einen Faulenzer heiraten. Was konnte er tun? Fängt ein Mann von neunundfünfzig urplötzlich an, Erben zu produzieren?

Zipp! Lautes Keuchen. Aaah!

Er verschloß Ohren und Gedanken noch fester gegen diese Geräusche. Er suchte sich abzulenken, indem er Ereignisse des heutigen Tages heraufbeschwor. Das Abendessen zum Beispiel...

Wie überrascht war er gewesen, als er aus dem Geschäft kam und den Soldaten am Eßtisch sitzen sah. Er erschrak fast, denn der Junge, den er vor zehn oder zwölf Jahren gekannt hatte, war jetzt ein richtiger Epstein, wie Herbie es auch geworden wäre, mit dem kleinen Nasenhöcker, dem kräftigen Kinn, der bräunlichen Haut und dem glänzenden schwarzen Haarschopf, der eines Tages grau wie die Wolken sein würde.

«Schau mal, wer da is», rief ihm seine Frau zu, als er eintrat – er hatte noch den Schmutz des Tages unter den Fingernägeln. «Sols Junge.»

Der Soldat sprang auf und streckte ihm

die Hand hin. «Wie geht's dir, Onkel Louis?»

«Einen Gregory Peck hat dein Bruder», schwärmte Epsteins Frau, «einen Monty Clift. Drei Stunden is er erst da, und schon hat er ein Rendezvous. Und ein richtiger Gentleman...»

Epstein schwieg.

Der Soldat stand stramm. Er hielt sich so gerade, als hätte er nicht erst in der Armee gelernt, was Höflichkeit ist. «Ich hoffe, es macht dir nichts aus, Onkel Louis, daß ich so hereingeplatzt bin. Wir sind nach Monmouth versetzt worden, und Papa hat gesagt, ich sollte euch mal besuchen. Ich hab Wochenendurlaub, und Tante Goldie meint, ich könnte über Nacht bleiben...»

«Schau ihn dir an», rief Goldie, «ein Prinz!»

«Natürlich bleibst du», sagte Epstein endlich. «Wie geht's deinem Vater?» Epstein hatte seit 1945 nichts von seinem Bruder gehört; nach einem heftigen Streit hatte ihm Sol seinen Anteil am Geschäft verkauft und sich in Detroit niedergelassen.

«Papa geht's gut», sagte Michael, «er läßt grüßen.»

«Danke. Wenn du schreibst, kannst du ihn auch grüßen.»

Michael nahm wieder Platz, und Epstein wußte, daß der Junge genau wie sein Vater über ihn urteilte: Lou Epstein ist ein grober Kerl, dessen Herz nur dann rascher schlägt, wenn er an «Epsteins Papiertüten» denkt.

Als Sheila nach Hause kam, setzten sie sich zum Essen – zu viert, wie in alten Zeiten. Goldie Epstein lief hin und her, hin und her, brachte jeden neuen Gang auf den Tisch, kaum daß der letzte verzehrt war. «Michael», sagte sie erinnerungsschwer, «als Kind warst du ein sehr schlechter Esser. Deine Schwester Ruthie, Gott segne sie, hat besser gegessen. Nicht gerade gut, aber besser als du.»

Erst jetzt entsann sich Epstein seiner Nichte Ruthie, einer dunkelhaarigen kleinen Schönheit, einer biblischen Ruth. Er blickte auf die eigene Tochter und hörte seine Frau unentwegt weiterreden. «Nein, so besonders gut hat Ruthie nicht gegessen. Aber sie hat nie am Essen gemäkelt. Unser Herbie, Gott hab ihn selig, der hat gern gemäkelt...» Goldie sah zu ihrem Mann hinüber, als sollte er ihr bestätigen, zu welcher Art Esser sein geliebter Sohn gehört hatte; er starrte auf seinen Schmorbraten.

«Aber», sagte Goldie abschließend, «leben sollste und gesund bleiben, Michael, du bist doch noch ein guter Esser geworden...»

Aaah! Aaah!

Die Geräusche schnitten Epsteins Erinnerungen ab.

Aaahhh!

Genug war genug. Er stand auf, vergewisserte sich, daß sein Pyjama richtig zugeknöpft war, und ging hinunter. Na, die konnten sich auf einiges gefaßt machen! Er würde ihnen sagen, daß – daß 1927 nicht 1957 war. Nein, das würde sie *ihm* sagen.

Aber die beiden im Wohnzimmer waren gar nicht Sheila und ihr Volksliedsänger. Epstein fühlte, wie die Kälte vom Boden in den weiten Hosenbeinen seines Pyjamas hochkroch, sein Glied durchkühlte, seine Schenkel mit einer Gänsehaut überzog. Sie sahen ihn nicht. Er trat einen Schritt zurück, hinter den Mauerbogen zum Speisezimmer. Aber seine Augen starrten unverwandt auf den Teppich des Wohnzimmers, auf Sols Jungen und die Kleine von gegenüber.

Das Mädchen hatte Shorts und einen Pullover angehabt. Nun lagen die Sachen, achtlos hingeworfen, über der Sofalehne. Das Kerzenlicht genügte: Epstein sah, daß sie nackt war. Michael lag neben ihr, erregt, potent, nur mit Schuhen und khakifarbenen Socken bekleidet. Die Brüste des Mädchens glichen zwei kleinen weißen Tassen, und Michael küßte sie – nicht nur sie. Es kribbelte in Epstein; er wagte sich nicht zu rühren, er wollte sich nicht rühren, er wartete, bis die beiden, wie Waggons auf einem Verschiebebahnhof, heftig zusammenprallten, sich vereinten und hin- und herruckten. Inmitten dieser Geräusche schlich Epstein zitternd die Treppe hinauf, zurück zum Bett seiner Frau.

Sosehr er sich auch bemühte, er konnte einfach nicht einschlafen, stundenlang nicht, wie ihm schien. Endlich wurde unten die Tür geöffnet, und die beiden jungen Leute verließen das Haus. Als sich wenig später wieder ein Schlüssel im Schloß drehte, wußte Epstein nicht, ob es Michael war, der zurückkam, oder...

Zipp!

Diesmal waren es also Sheila und der Volksliedsänger. Die ganze Welt, dachte er, die ganze Welt der Jugend, die Häßlichen, die Hübschen, die Fetten, die Mageren – alle zippen sie den Reißverschluß auf und zu. Er griff sich in seinen dichten grauen Haarschopf und zerrte daran, bis ihn die Kopfhaut schmerzte. Seine Frau bewegte sich im Schlaf. «Brrr... Brrr...» murmelte sie, packte die Decke und zog sie zu sich herüber. «Brrr...»

Butter! Sie träumt von Butter. Von Rezepten träumt sie, während die Welt zippt. Er schloß die Augen und ließ sich tief, tief in den Schlaf eines alten Mannes hinabfallen.

Wie weit muß man zurückgehen auf der Suche nach dem Anfang der Sorgen? Später, wenn Epstein mehr Zeit hatte, würde er sich diese Frage stellen. Wann hatte es begonnen? In der Nacht, als er die beiden auf dem Teppich sah? Oder in jener Sommernacht vor siebzehn Jahren, als er den Arzt vom Bett wegstieß und seine Lippen auf die seines Herbie drückte? Oder, so grübelte Epstein, war es vor fünfzehn Jahren gewesen, als er zwischen den Bettüchern zum erstenmal nicht seine Frau, sondern Bab-o roch? Oder damals, als seine Tochter dazu überging, ihn «Kapitalist» zu schimpfen und wie einen Verbrecher zu behandeln – nur weil er Erfolg hatte? Oder bei keiner dieser Gelegenheiten? Vielleicht suchte er gar nicht nach einem Anfang, sondern nach einer Ausrede. Hatten die Sorgen, die großen Sorgen, nicht einfach an jenem Morgen begonnen, als er Ida Kaufman auf den Bus warten sah?

Ida Kaufman – weshalb, um Himmels willen, war es gerade sie, die sein Leben von Grund auf verändert hatte? Eine Fremde, die er nicht liebte und nie lieben würde, eine Frau, die seit kaum einem Jahr in dem Haus gegenüber wohnte, die seit kurzem verwitwet war und die jetzt (wie Mrs. Katz, der Walter Winchell der Nachbarschaft, erzählte) ihr Haus verkaufen und in ihr Sommerhäuschen nach Barnegat ziehen wollte? Vor jenem Morgen hatte Epstein sie lediglich zur Kenntnis genommen: brünett, attraktiv, vollbusig. Sie sprach selten mit den anderen Hausfrauen; bis vor einem Monat hatte sie sich gänzlich ihrem krebskranken Mann gewidmet.

Ein- oder zweimal hatte Epstein sie auf der Straße gegrüßt, dabei aber mehr an das Schicksal von «Epsteins Papiertüten» gedacht als an die Frau, der die höfliche Geste galt. Es wäre also an jenem Montagmorgen durchaus möglich gewesen, daß er sie an der Bushaltestelle hätte stehenlassen. Es war ein warmer Apriltag – keineswegs ein schlechter Tag, um auf einen Bus zu warten. Vögel sangen in den Ulmen, und die Sonne glitzerte am Himmel wie die Trophäe eines jungen Sportlers. Doch die Frau an der Bushaltestelle trug über dem dünnen Kleid keinen Mantel, und

Epstein sah unter dem Kleid, den Strümpfen, der Wäsche, die er sich vorstellte, den Körper des Mädchens auf seinem Wohnzimmerteppich, denn Ida Kaufman war die Mutter von Linda Kaufman, Michaels kleiner Freundin. Deshalb fuhr Epstein langsam an die Bordschwelle heran, und wenn er auch der Tochter wegen anhielt, so nahm er doch die Mutter mit.

«Danke schön, Mr. Epstein», sagte sie. «Das ist nett von Ihnen.»

«Nicht der Rede wert», sagte Epstein. «Ich fahr zur Market Street.»

«Genau meine Richtung.»

Er trat zu hart auf den Gashebel. Der große Chrysler heulte auf wie ein auf Rennwagen frisierter Ford und sauste los. Ida Kaufman kurbelte das Fenster herunter und zündete sich eine Zigarette an. Nach einer Weile fragte sie: «Das war doch Ihr Neffe, der Samstag abend mit Linda ausgegangen ist?»

«Michael? Ja.» Aus Gründen, die Ida Kaufman unbekannt blieben, wurde Epstein puterrot. Er spürte, wie sein Nacken brannte, und er hustete, damit es so aussah, als hätte eine Atembeschwerde das Blut aus seinem Herzen aufschießen lassen.

«Ein sehr netter Junge», sagte sie, «und so höflich.»

«Sohn von meinem Bruder Sol in Detroit», erklärte Epstein. Und er konzentrierte seine Gedanken auf Sol, um die Röte zu vertreiben: Hätte es damals mit Sol keinen Streit gegeben, dann wäre jetzt Michael der Erbe von «Epsteins Papiertüten». Aber hätte ich das wirklich gewollt? fragte er sich. Wäre mir Michael lieber gewesen als irgendein Fremder...?

Epstein grübelte, Ida Kaufman rauchte, und so fuhren sie schweigend dahin unter den Ulmen, dem Chor der Vögel und dem neuen Frühlingshimmel, der wie eine blaue Fahne entfaltet war.

«Er sieht Ihnen ähnlich», sagte sie.

«Was? Wer?»

«Michael.»

«Mir nicht», widersprach Epstein, «ihm. Er ist Sols Ebenbild.»

«Nein, nein, streiten Sie's doch nicht ab.» Sie lachte laut auf, so daß eine Rauchwolke aus ihrem Mund quoll, und warf den Kopf in den Nacken. «Nein, nein, nein, er hat genau Ihr Gesicht!»

Epstein blickte sie an: breite rote Lippen, die sich über den Zähnen zu einem Lachen öffneten. Warum? überlegte er. Natürlich – der alte Witz: Ihr kleiner Junge sieht aus wie der Eismann. Er grinste, hauptsächlich über den Gedanken, mit seiner Schwägerin ins Bett zu gehen, bei der alles noch tiefer herunterhing als bei seiner Frau.

Epsteins Grinsen verdoppelte Ida Kaufmans Fröhlichkeit. Alle Wetter – jetzt wollte er auch mal einen Witz reißen.

«Und Ihre Linda – wem sieht denn die ähnlich?»

Ida Kaufmans Mund wurde zu einer schmalen Linie; ihre Lider verengten sich und erstickten das Leuchten in ihren Augen. Hatte er etwas Verkehrtes gesagt? War er zu weit gegangen? Hatte er den Namen eines Toten beschmutzt, eines Mannes, der noch dazu Krebs gehabt hatte? Aber nein – plötzlich hob sie die Arme und zuckte die Achseln, als wollte sie sagen: Kann man's wissen?

Epstein brüllte vor Lachen. Er war so lange keiner Frau mehr begegnet, die Sinn für Humor hatte; Goldie nahm jedes seiner Worte ernst. Ida Kaufman dagegen – sie lachte so schallend, daß sich ihre Brüste über den Ausschnitt des braunen Kleides drängten. Das waren keine Tassen, das waren schon Schüsseln. Epstein gab einen zweiten Witz zum besten, dann einen dritten, und den hatte er noch nicht fertig erzählt, als ihn von der Seite ein Polizist anschrie und ihm einen Strafzettel verpaßte, weil er in seiner Freude ein rotes

Licht übersehen hatte. Das war das erste von drei Strafmandaten, die er an diesem Tag erhielt; das zweite war fällig, als er etwas später nach Barnegat raste, und das dritte, als er in der Dämmerung viel zu schnell den Parkway entlangfuhr, damit er nur nicht zu spät zum Abendessen heimkäme. Die Strafzettel kosteten ihn insgesamt zweiunddreißig Dollar, aber – so sagte er zu Ida – wie soll man denn grünes Licht von rotem, schnell von langsam unterscheiden, wenn einem das Lachen buchstäblich Tränen in die Augen treibt?

Um sieben Uhr abends setzte er Ida an der Bushaltestelle ab und drückte ihr einen Schein in die Hand.

«Hier», sagte er, «hier – kauf dir was.» Womit sich die Kosten des Tages alles in allem auf zweiundfünfzig Dollar beliefen.

Dann fuhr er nach Hause, schon mit einer Geschichte für seine Frau ausgerüstet: Ein Mann, der als Käufer der Firma «Epsteins Papiertüten» in Frage kam, hatte ihn den ganzen Tag in Anspruch genommen, und die Aussichten waren gut. Als er den Wagen in die Garage rollen ließ, sah er die vierschrötige Silhouette seiner Frau hinter der Jalousie. Sie wartete auf Epsteins Rückkehr und prüfte gleichzeitig, ob auch kein Staub auf den Holzleisten lag.

Hitzebläschen?

Er hielt seine Pyjamahose mit den Knien fest und betrachtete sich im Schlafzimmerspiegel. Unten drehte sich ein Schlüssel im Schloß, aber er war zu beschäftigt, um darauf zu achten. Hitzebläschen – das hatte Herbie immer gehabt, eine ganz harmlose Kindersache. Aber konnte ein erwachsener Mann so was auch haben? Er schlurfte näher an den Spiegel heran und trat dabei auf die rutschende Pyjamahose. Vielleicht war es ein Sandausschlag. Bestimmt sogar, dachte er, denn hinter ihm lagen drei warme, sonnige Wochen, und wenn Ida Kaufman und er *damit* fertig waren, hatten sie sich vor ihrem Häuschen am Strand ausgeruht. Dabei mußte ihm Sand in die Hose gekommen sein, der während der Fahrt über den Parkway seine Haut gereizt hatte. Er ging einen Schritt zurück und musterte von neuem sein Spiegelbild, als Goldie ins Schlafzimmer trat. Sie war soeben einem heißen Bad entstiegen – alle Knochen täten ihr weh, hatte sie gesagt –, und ihr nackter Körper war krebsrot. Epstein, der seinen Makel mit der Konzentration eines Philosophen betrachtet hatte, zuckte schuldbewußt zusammen. Als er sich rasch vom Spiegel abwandte, verfingen sich seine Füße in den Hosenbeinen, er stolperte, und die Pyjamahose glitt zu Boden. Da standen sie nun, nackt wie Adam und Eva, nur daß Goldie von oben bis unten rot war und er, Epstein, Hitzebläschen hatte oder einen Sandausschlag oder – und plötzlich ging es ihm auf wie einem Metaphysiker das Grundprinzip. Natürlich! Epsteins Hände schossen nach vorn, um seine Blöße zu decken.

Goldie sah ihn verwundert an, und er suchte nach Worten, die der Situation angemessen waren.

Endlich: «Schönes Bad gehabt?»

«Was heißt schön? E Bad is e Bad», brummte seine Frau.

«Du wirst dich verkühlen», sagte Epstein, «zieh dir was an.»

«Ich mich verkühlen? *Du* wirst dich verkühlen!» Sie blickte auf seine krampfhaft verschlungenen Hände. «Tut dir da unten was weh?»

«Bissel kalt», sagte er.

«Wo?» Sie deutete auf das improvisierte Feigenblatt. «Da?»

«Überall.»

«Dann zieh dir überall was an.»

Er beugte sich vor, um die Pyjamahose aufzuheben: kaum hatte er die Hände sinken lassen, als Goldie nach Luft schnappte und entsetzt ausrief: «Was is denn *das?*»

«Was?»

«Das!»

Er brachte es nicht fertig, ihr in die Augen des Gesichts zu sehen, und starrte daher auf die purpurnen Augen ihrer Hängebrüste. «Ich glaub, ein Sandausschlag.»

«Sand? Was für Sand?»

«Also dann ein Ausschlag», sagte er.

Sie kam etwas näher und streckte die Hand aus – nicht, um ihn zu berühren, sondern um auf ihn zu deuten. Ihr Zeigefinger beschrieb einen kleinen Kreis. «Ein Ausschlag – da?»

«Warum nicht?» knurrte er. «Ob da oder an der Hand oder an der Brust – Ausschlag ist Ausschlag.»

«Aber woher denn so plötzlich?»

«Bin ich vielleicht 'n Doktor?» sagte Epstein. «So was kommt und geht, und man weiß nicht wieso. Wahrscheinlich hab ich's vom Klosettsitz im Geschäft gekriegt. Die *Schwartze* sind Schweine...»

Goldie schnalzte mit der Zunge.

«Soll das heißen, daß ich ein Lügner bin?»

Sie hob den Kopf. «Wer hat was gesagt von Lügner?» Und sie ließ einen raschen Blick über ihren Körper gleiten, prüfte Beine, Bauch, Brüste, um sich zu vergewissern, daß Epstein sie nicht mit dem Ausschlag angesteckt hatte. Sie sah auf ihren Mann, dann wieder auf sich selbst, und plötzlich weiteten sich ihre Augen. «Du!» kreischte sie.

«Pst», mahnte Epstein. «Du wirst Michael wecken.»

«Du Schwein! Wer war's denn, wer?»

«Ich sag dir doch, die *Schwartze*...»

«Lügner! Schwein!» Sie taumelte zum Bett. Die Sprungfedern ächzten unter dem Aufprall des schweren Körpers. «Lügner!» Und schon war sie wieder auf den Füßen, zerrte die Laken vom Bett. «Verbrennen werd ich sie, Stück für Stück verbrennen!»

Epstein trat aus der Pyjamahose heraus, die sich um seine Knöchel gewickelt hatte, und lief zum Bett. «Was machste – das ist doch nicht ansteckend. Is ja bloß vom Klosettsitz. Du kaufst e bissel Salmiakgeist und...»

«Salmiakgeist!» zeterte sie, «*trinken* solltest du Salmiakgeist!»

«Nein, nein», schrie Epstein, riß ihr die Laken aus der Hand, warf sie wieder übers Bett und stopfte sie in wilder Eile fest. «Nu laß doch...» Er stürzte zum Kopfende des Bettes, aber während er dort die Laken feststopfte, raste Goldie zum Fußende und machte das Werk seiner Hände zunichte; also sauste er zurück, indes Goldie zum Kopfende rannte. «Rühr mich nicht an», brüllte sie, «bleib mir vom Leibe, du dreckiges Schwein! Geh und faß deine dreckige Hure an!» Sie zog mit einem Ruck die Laken vom Bett, hielt sie zusammengeknüllt vor sich und spuckte darauf. Epstein eroberte die Tücher von neuem, und nun ging das Gezerre hin und her, her und hin, bis sich die Laken in Fetzen verwandelt hatten. Erst jetzt begann Goldie zu weinen. Angesichts der weißen Leinenstreifen, die sich um ihre Arme schlangen, schluchzte sie: «Meine Laken, meine schönen sauberen Laken», und warf sich aufs Bett.

Zwei Gesichter erschienen im Türrahmen des Schlafzimmers. Sheila Epstein stöhnte: «Herr des Himmels!» Der Volksliedsänger lugte herein, einmal, zweimal, dann ergriff er die Flucht, polterte die Treppe hinunter. Epstein wand hastig ein paar weiße Lappen um seine Lenden. Er sagte kein Wort, als die Tochter ins Zimmer kam.

«Mama, was ist denn?»

«Dein Vater», stöhnte die Stimme vom Bett her, «er hat... nen Ausschlag!» Und Goldies Schluchzen wurde so heftig, daß ihre weißen Hinterbacken wogten und zuckten.

«Jawohl», sagte Epstein, «'nen Ausschlag. Ist das 'n Verbrechen? Raus mit dir!

Laß deine Mutter und deinen Vater schlafen gehen.»

«Warum heult sie?» fragte Sheila.

«Wie soll ich's wissen? Bin ich ein Gedankenleser? Diese ganze Familie ist verrückt, wer soll da wissen, was einer denkt?»

«Untersteh dich, meine Mutter verrückt zu nennen!»

«Schrei mich nicht an! Ich bin noch immer dein Vater!» Er wickelte die Fetzen enger um sich herum. «Los, verschwinde!»

«Nein.»

«Dann muß ich dich eben rausschmeißen.» Er tat einen Schritt zur Tür; seine Tochter rührte sich nicht, und er hatte nicht den Mut, sie hinauszudrängen. Statt dessen warf er den Kopf zurück und sprach zur Decke. «In meinem Schlafzimmer steht sie auf Streikposten! Raus mit dir, du Untam!» Er näherte sich ihr und fauchte, als wollte er eine streunende Katze oder einen Hund verjagen. Sheila stieß ihn mit all ihren einhundertfünfundvierzig Pfund grob zurück; vor Überraschung und Schmerz ließ er seine Hülle fallen. Und die Tochter blickte auf den Vater. Unter ihrem Rouge erbleichte sie.

Epstein sah sie an und sagte mit flehender Stimme: «Ich hab's vom Klosettsitz bekommen. Die *Schwartze*...»

Bevor er zu Ende reden konnte, tauchte schon wieder ein Kopf in der Türöffnung auf: verwuscheltes Haar und rote, geschwollene Lippen – Michael, der von seiner Wochenendfreundin Linda Kaufman zurückkehrte. «Ich hab den Krach gehört, ist hier was...», und dann entdeckte er seine Tante nackt auf dem Bett. Als er sich abwandte, fiel sein Blick auf Onkel Lou.

«Raus!» schrie Epstein. «Raus mit euch!»

Aber sie gehorchten ihm nicht. Sheila blockierte die Tür – sie betrachtete das als politische Verpflichtung: Michaels Beine hatten Wurzeln geschlagen, das eine aus Scham, das andere aus Neugier.

«Rrraus!»

Füße stapften die Treppe hinauf. «Sheila, soll ich vielleicht jemand holen...» Und der Gitarrenzupfer steckte voller Eifer seine große Nase herein. Er schaute in die Runde, und schließlich blieb sein Blick an Epsteins Glied hängen. Er sperrte den Mund auf. «Was hat er denn? Die Syph?»

Sekundenlang schwebten die Worte in der Luft, und es wurde totenstill. Goldie Epsteins Schluchzen verstummte, sie erhob sich vom Bett. Die beiden jungen Männer in der Türöffnung senkten die Augen. Goldie warf den Oberkörper zurück, daß ihre Brüste hüpften, und bewegte die Lippen. «Ich will...» stieß sie hervor, «ich will...»

«Was, Mama?» fragte Sheila. «Was willst du?»

«Ich will... mich scheiden lassen!» Sie sah verblüfft aus, als sie das sagte, aber nicht so verblüfft wie ihr Mann.

Epstein schlug sich mit der flachen Hand an die Stirn. «Scheiden lassen! Du bist wohl verrückt?» Er sah sich ratlos um und sagte zu Michael: «Sie ist verrückt!»

«Ja, das will ich», wiederholte sie, verdrehte die Augen und sank ohnmächtig auf die lakenlose Matratze.

Nachdem das Riechsalz seine Wirkung getan hatte, wurde Epstein für die Nacht in Herbies Zimmer verbannt. Er warf sich unruhig in dem schmalen Bett herum, an das er nicht gewöhnt war; im Nachbarbett hörte er Michael atmen. Montag, dachte er, Montag werde ich mir Rat und Hilfe holen. Bei einem Anwalt. Nein, zuerst bei einem Arzt. Bestimmt würde ihm der Doktor nach kurzer Untersuchung bestätigen, was er schon wußte – daß Ida Kaufman eine saubere Person war. Das wollte Epstein auf seinen Eid nehmen, er hatte ja ihren Körper gerochen! Der Arzt würde ihn beruhigen: Die Sache kam nur daher, daß sie sich aneinander gerieben hatten. Es war etwas Vorübergehendes, von zwei Menschen gemeinsam Bewirktes, nichts, was der eine auf den anderen übertragen hatte. Er war unschuldig! Oder wenn er schuldig war, so hatte das nichts, aber auch gar nichts mit einer dreckigen Krankheit zu tun. Auf jeden Fall würde der Doktor ihm etwas verschreiben. Und dann kam der Anwalt mit seinem Rezept an die Reihe. Und bis dahin würden es alle erfahren haben, einschließlich – wie ihm auf einmal klar wurde- seines Bruders Sol, der ihm ohnehin in jeder Beziehung das Schlimmste zutraute. Epstein drehte sich um und sah zu Michael hinüber. Die Augen des Jungen glitzerten wie Lichtpünktchen; er war wach, und er hatte die Nase, das Kinn und die Stirn der Epsteins.

«Michael?»

«Ja.»

«Bist du wach?»

«Ja.»

«Ich auch», sagte Epstein und fügte entschuldigend hinzu: «All die Aufregung...» Sein Blick kehrte zur Decke zurück. «Michael?»

«Ja?»

«Nichts...» Aber er war nicht nur besorgt, sondern auch neugierig. «Michael, du hast doch keinen Ausschlag, nicht wahr?»

Michael setzte sich im Bett auf und sagte mit Bestimmtheit: «Nein.»

«Ich dachte nur so», sagte Epstein rasch. «Siehst du, ich hab diesen Ausschlag...» Er sprach nicht weiter und vermied es, den Jungen anzublicken, der – plötzlich fiel es ihm wieder ein – das Geschäft hätte erben können, wenn dieser blöde Sol nicht... Aber was lag jetzt schon am Geschäft! Er hatte ja nie für sich gearbeitet, immer nur für die anderen. Und die gab es nicht mehr.

Er legte die Hände über die Augen. «So 'ne Veränderung, so 'ne Veränderung», murmelte er. «Ich weiß nicht mal, wann's angefangen hat. Ich, Lou Epstein, mit 'nem Ausschlag. Ich fühl mich gar nicht mehr wie Lou Epstein. Pffft – und schon ist alles anders.» Er wandte sich wieder Michael zu und sprach langsam, jedes Wort betonend, als wäre der Junge mehr als ein Neffe, ja mehr als eine einzelne Person. «Mein ganzes Leben hab ich mich bemüht, das schwör ich. Tot umfallen will ich, wenn ich mich nicht mein ganzes Leben bemüht hab, das Richtige zu tun und meiner Familie das zu geben, was ich in meiner Jugend nicht hatte...»

Epstein hielt inne; das war es eigentlich

nicht, was er sagen wollte. Er knipste die Nachttischlampe an und versuchte es auf andere Art. «Ich war sieben Jahre alt, Michael. Mit sieben Jahren bin ich hierhergekommen, und ich kann mich an den Tag erinnern, als wär's gestern gewesen. Deine Großeltern und ich, dein Vater war noch nicht auf der Welt, und du kannst mir's glauben, von alledem weiß er nichts. Mit deinen Großeltern hab ich am Kai gestanden und auf Charlie Goldstein gewartet, der uns abholen wollte. In der alten Heimat war er der Partner von deinem Großvater gewesen, der Gauner. Na schön, wir haben gewartet, und zuletzt ist er gekommen – er mußte uns ja zeigen, wo wir wohnen sollten. Er kam also und hatte 'nen großen Kanister in der Hand. Und weißt du, was drin war? Petroleum. Das hat er uns allen, wie wir da standen, über die Köpfe gegossen. Und dann hat er's eingerieben, um uns zu entlausen. Hat scheußlich gerochen. Für 'nen kleinen Jungen ist so was schlimm...»

Michael zuckte die Achseln.

«Nu, wie sollst du's auch verstehen?» brummte Epstein. «Was weißt du? Zwanzig Jahre alt...»

Wieder zuckte Michael die Achseln. «Zweiundzwanzig», sagte er leise.

Es gab noch mehr Geschichten, die Epstein hätte erzählen können, aber er bezweifelte, daß ihn eine davon näher an das heranbringen würde, was ihn bedrückte und wofür ihm die Worte fehlten. Er stand auf, ging zur Schlafzimmertür, öffnete sie und lauschte. Unten auf dem Sofa schnarchte der Volksliedsänger. Das war vielleicht eine Nacht für Gäste! Er schloß die Tür, ging zum Bett zurück und kratzte sich dabei am Schenkel. «Kannst mir's glauben, *sie* schläft wie 'n Klotz... Die Frau verdient mich überhaupt nicht. Sie kocht – na und? Ist das so 'ne große Sache? Sie macht sauber – na wenn schon. Verdient sie dafür 'nen Orden? Ich möcht nur einmal nach Hause kommen und hier 'nen *Saustall* vorfinden! So viel Dreck, daß ich meinen Namen in den Staub schreiben könnte – irgendwo, und wenn's bloß im Keller wär! Nach all den Jahren, Michael, müßte das geradezu 'ne Erleichterung sein!» Er fuhr sich durch das graue Haar. «Wie ist das nur gekommen? Meine Goldie – daß so eine Frau zur Putzmaschine geworden ist! Schrecklich.» Er ging zur Wand und starrte auf Herbies Baseballbilder, auf Gesichter mit langem, vorspringendem Unterkiefer. Verblichene Farbfotos, Namenszüge am unteren Rand: Charlie Keller, Lou Gehrig, Red Ruffing... Wie lange war das schon her! Herbie hatte sehr an seinen Yankees gehangen!

«Einmal», begann Epstein von neuem, «noch vor der Wirtschaftskrise... weißt du, was wir da eines Abends gemacht haben, Goldie und ich?» Er starrte auf Red Ruffing und durch ihn hindurch. «Du hast meine Goldie nicht gekannt... was für eine schöne, schöne Frau das war! An dem Abend also haben wir Bilder gemacht, Fotos. Ich hab den Apparat aufgestellt – damals wohnten wir noch im alten Haus –, und dann ging's los, im Schlafzimmer.» Er schwieg eine Weile, in Erinnerungen versunken. «Ich wollt ein Bild von meiner Frau haben, um's bei mir zu tragen. 'ne Nacktaufnahme, das geb ich offen zu. Und wie ich am nächsten Morgen aufwache, ist Goldie gerade dabei, den Film zu vernichten. Wenn dir eines Tages, Gott behüte, was zustößt, sagt sie, wird die Polizei deine Brieftasche durchsehen, und dann – oi, oi, oi!» Er lachte. «Du weißt ja, wie Frauen sind... Aber wenn auch nichts draus geworden ist, gemacht haben wir die Bilder wenigstens. Wie viele Leute tun das schon?» Er wandte sich von Red Ruffing ab und Michael zu, dessen Mundwinkel sich zu einem Lächeln verzogen.

«Was – fotografieren?» fragte Michael und kicherte leise.

«Na?» Epstein schmunzelte. «Bist du denn noch nie auf solche Ideen gekommen? Was mich betrifft, ich geb's offen zu. Vielleicht halten's andere für falsch, für Sünde oder was weiß ich, aber wer kann einem schon verbieten...»

Michael, ganz Abwehr, zeigte sich endlich als Sohn seines Vaters. «Doch, irgendwer kann und muß es verbieten. Es gibt nun mal Dinge, die einfach nicht richtig sind.»

Epstein war durchaus bereit, die Sache als jugendlichen Fauxpas zu bewerten. «Mag sein», meinte er. «Vielleicht war's ganz gut, daß sie den Film vernichtet hat...»

Michael schüttelte heftig den Kopf. «Nein! Es gibt Dinge, die sind nicht richtig. Von Anfang an nicht richtig.»

Und Epstein sah den Finger, der nicht auf Onkel Lou, den Fotografen, deutete, sondern auf Onkel Lou, den Ehebrecher. Plötzlich wurde er zornig. «Richtig, falsch!» brüllte er. «Das ist alles, was ihr zu sagen wißt, du und dein Vater. Wer bist du denn, was bist du denn, König Salomon?» Er umklammerte die Bettpfosten. «Soll ich dir erzählen, was sonst noch passiert ist, als wir die Bilder gemacht haben? Daß wir in derselben Nacht unseren Herbie gezeugt haben? Ja, da bin ich ganz sicher. Über ein Jahr haben wir's versucht und versucht, bis ich völlig *ausgemutschet* war, und dann, in jener Nacht... Nach den Bildern – wegen der Bilder – wer weiß...»

«Aber...»

«Aber was? Aber *das* da?» Er zeigte auf sein Glied. «Du bist ein Junge, du verstehst das nicht. Wenn man dir nicht gibt, was du brauchst, dann holst du's dir eben woanders, dann packst du zu – vielleicht wie ein Schwein, aber jedenfalls packst du zu. Ob's recht ist oder unrecht, wer kann das wissen? Mit Tränen in den Augen sieht man den Unterschied nicht.» Er dämpfte die Stimme, doch seine Erregung ließ sich nicht unterdrücken. «Du, ausgerechnet du willst mir Vorwürfe machen? Hab ich dich nicht mit Idas Tochter gesehen? Wie nennst du denn das, was du mit ihr getrieben hast? Für *dich* ist das richtig, was?»

Michael kniete jetzt in seinem Bett. «Du hast – du hast uns gesehen?»

«Jawohl!»

«Aber es ist was anderes...»

«Was anderes?» schrie Epstein.

«Wenn man verheiratet ist, meine ich.»

«Was anders ist, davon hast du keine Ahnung. Man hat eine Frau, man ist Vater, zweimal Vater – und dann wird einem alles weggenommen...» Seine Knie knickten ein, und er fiel quer über Michaels Bett. Michael lehnte sich zurück und schaute seinen Onkel an, aber er wußte nicht, was er tun oder wie er ihn zurechtweisen sollte, denn noch nie hatte er einen Menschen, der älter als fünfzehn war, weinen sehen.

Für gewöhnlich war es am Sonntagmorgen so, daß Goldie um halb zehn Kaffeewasser aufsetzte und Epstein an der Straßenecke den Lachs und die *Sunday News* holte. Waren der Lachs auf dem Tisch, die runden Brötchen im Backofen und die illustrierte Beilage der *News* vor Goldies Nase, so kam Sheila in ihrem langen Morgenmantel die Treppe herunter und gähnte. Dann setzten sie sich zum Frühstück, und Sheila schimpfte auf ihren Vater, weil er die *News* gekauft und «einem Faschisten Geld in die Tasche gesteckt» hatte. Draußen gingen die Christen zur Kirche. So war es immer gewesen, mit der Einschränkung natürlich, daß die *News* im Laufe der Jahre näher an Goldies Nase heranrückten, während sie sich gleichzeitig von Sheilas Herzen entfernten; ihr wurde jetzt die *Post* ins Haus geliefert.

Als Epstein an diesem Sonntag aufwachte, stieg ihm der Duft frischgebrühten Kaffees in die Nase. Er schlich die Treppe hinunter – man hatte ihm befohlen, das Badezimmer im Souterrain zu benutzen, bis er beim Arzt gewesen war –, und aus der Küche schlug ihm Lachsgeruch entgegen. Und als er schließlich, rasiert und angezogen, die Küche betrat, hörte er Zeitungsblätter rascheln. Ein anderer Epstein, sein Geist, schien sich eine Stunde früher erhoben und seine sonntäglichen Pflichten erfüllt zu haben. Unter der Uhr saßen Sheila, ihr Verlobter und Goldie um den Tisch herum. Die runden Brötchen bräunten in der Röhre, während der Volksliedsänger, bequem zurückgelehnt, seine Gitarre zupfte und sang:

«*Ich war so lange unten,
daß ich's für oben hielt...*»

Als Vorbereitung zum Essen rieb sich Epstein die Hände. «Sheila, hast du das geholt?» Er deutete auf die Zeitung und den Lachs. «Danke schön.»

Der Volksliedsänger blickte auf und improvisierte einen neuen Text, während er die Melodie weiterspielte:

«*Ich ging, den Lachs zu kaufen...*»

Er grinste wie ein Clown.

«Halt die Klappe», wies ihn Sheila zurecht.

Er wiederholte ihre Worte, plim, plim!

«Dann danke ich also Ihnen, junger Mann», sagte Epstein.

«Marvin heißt er», warf Sheila hin. «Damit du's weißt.»

«Vielen Dank, Martin.»

«Marvin», berichtigte der junge Mann. «Ich höre ein bißchen schwer.»

Goldie Epstein sah von der Zeitung auf. «Syphilis führt zu Gehirnerweichung.»

«Was?»

«Syphilis führt zu Gehirnerweichung...»

Wütend sprang Epstein auf. «Hast du ihr das etwa gesagt?» brüllte er seine Tochter an. «Wer hat ihr das gesagt?»

Das Klimpern der Gitarre verstummte. Niemand antwortete – eine Verschwörung. Er packte seine Tochter an den Schultern. «Du hast deinen Vater zu respektieren, verstanden?»

Mit einem Ruck riß sie sich los. «Du bist nicht mein Vater!»

Und diese Worte schleuderten ihn zurück – zu dem Witz, den Ida Kaufman im Wagen gemacht hatte, zu ihrem braunen Kleid, dem Frühlingshimmel... Er beugte sich über den

Tisch und beschwor seine Frau: «Goldie, sieh mich an, Goldie! Mich, Lou!»

Sie starrte auf die Zeitung, aber sie hielt sie weit von sich ab, und Epstein wußte, daß sie die Buchstaben nicht erkennen konnte; wie alles andere, hatte der Optiker gesagt, waren auch ihre Augenmuskeln erschlafft. «Goldie», flehte er, «Goldie, habe ich denn das Schlimmste verbrochen, was es auf der Welt gibt? Sieh mir in die Augen, Goldie. Sag mir, seit wann lassen Juden sich scheiden? Seit wann?»

Sie blickte auf, erst zu ihm, dann zu Sheila. «Syphilis führt zu Gehirnerweichung. Ich kann nicht mit einem Schwein zusammenleben.»

«Wir werden uns aussprechen. Wir werden zum Rabbiner gehen...»

«Der würde dich gar nicht anhören...»

«Aber die Kinder, was wird aus denen?»

«Was für Kinder?»

Herbie war tot und Sheila eine Fremde; sie hatte recht.

«Eine erwachsene Tochter kann für sich selbst sorgen», sagte Goldie. «Wenn sie will, kann sie mit nach Florida kommen. Ich werde wohl nach Miami Beach ziehen.»

«Goldie!»

«Schrei nicht so», sagte Sheila, die darauf

brannte, sich in den Streit einzumischen. «Du wirst Michael wecken.»

Mühsam beherrscht wandte sich Goldie ihrer Tochter zu. «Michael is schon früh fortgegangen. Er is über Sonntag mit seiner Linda ans Meer gefahren, zu ihrem Häuschen in Belmar.»

«Barnegat», brummte Epstein.

«Was hast du gesagt?» fragte Sheila.

«Barnegat.» Er beschloß, das Haus zu verlassen, bevor sie ihm weitere Fragen stellte.

In der Imbißstube an der Ecke kaufte er sich eine Zeitung, trank einsam und allein seinen Kaffee und schaute auf die Straße, wo die Menschen zur Kirche gingen. Eine hübsche junge *Schickse*, die ihren runden weißen Hut in der Hand trug, blieb stehen, bückte sich und zog den Schuh aus, um ein Steinchen zu entfernen. Epstein sah interessiert zu und verschüttete dabei ein paar Tropfen Kaffee auf sein Hemd. Das kleine Hinterteil des Mädchens war rund wie ein Apfel unter dem enganliegenden Kleid. Er betrachtete sie, und dann schlug er sich mit der Faust an die Brust, wieder und wieder, als bete er. «Was hab ich getan! O Gott!»

Als er den Kaffee getrunken hatte, nahm er die Zeitung und ging die Straße entlang. Nach Hause? Wo war er zu Hause?

Auf der anderen Straßenseite erspähte er Ida Kaufman; sie war mit Shorts und einer Corsage bekleidet und hängte im Garten die Unterwäsche ihrer Tochter auf die Leine. Epstein schaute sich um: Außer den christlichen Kirchgängern war niemand zu sehen. Jetzt hatte ihn Ida entdeckt; sie lächelte. Wütend betrat er die Fahrbahn und überquerte sie unter Mißachtung sämtlicher Verkehrsregeln.

Gegen Mittag hörten die drei, die in Epsteins Haus saßen, das Heulen einer Sirene. Sheila blickte von der *Post* auf und lauschte. Sie sah auf ihre Uhr. «Schon zwölf? Dann geht die hier fünfzehn Minuten nach. Na ja – Geschenk von meinem Vater.»

Goldie Epstein blätterte in der Reisebeilage der *New York Times*, die ihr Marvin besorgt hatte. Sie sah ebenfalls auf ihre Uhr. «Meine geht vierzehn Minuten nach. Natürlich», sagte sie zu ihrer Tochter, «die hab ich ja auch von ihm...»

Das Sirenengeheul wurde lauter. «Mein Gott», murmelte Sheila, «man denkt, die Welt geht unter.»

Und sofort begann Marvin, der die Gitarre mit seinem roten Taschentuch poliert hatte, ein getragenes, schwermütiges Negerlied über das Ende der Welt zu singen.

«Sei ruhig», sagte Sheila. Sie spitzte die Ohren. «Aber heute ist doch Sonntag. Die Sirenen sind immer nur samstags...»

Goldie sprang von der Couch auf. «Is das etwa ein richtiger Luftangriff? Oi, das fehlt uns gerade noch!»

«Die Polizei ist's», rief Sheila und rannte mit blitzenden Augen zur Haustür, denn aus politischen Gründen war sie gegen die Polizei. «Ein Unfallwagen – er kommt die Straße rauf!»

Sie stürmte hinaus, und Marvin folgte ihr mit umgehängter Gitarre. Goldie schlurfte hinterher, ihre Pantoffeln klatschten gegen die Fußsohlen. Draußen drehte sie sich noch einmal um und vergewisserte sich, daß die Tür geschlossen war und weder Diebe, Ungeziefer noch Staub eindringen konnten. Dann setzte sie ihren Weg fort. Sie brauchte nicht weit zu laufen. Der Krankenwagen hielt gegenüber in Kaufmans Einfahrt.

Schon hatte sich eine Menschenmenge angesammelt – Nachbarn in Bademänteln und Morgenröcken, die Witzbeilage in der Hand; auch Kirchgänger und *Schicksen* mit weißen Hüten waren dabei. Es gelang Goldie nicht, sich zu ihrer Tochter und Marvin durchzudrängen, sie mußte im Hintergrund stehenbleiben. Aber auch von dort aus sah sie, wie ein junger Arzt aus dem Wagen sprang und die Verandatreppe hinaufeilte; sein Stethoskop hüpfte in der Jackentasche, als er zwei Stufen auf einmal nahm.

Jetzt kam Mrs. Katz, eine kurzbeinige, dicke Frau mit rotem Gesicht, deren Bauch an den Knien anzufangen schien; sie zupfte Goldie am Ärmel. «Goldie, ist hier schon wieder was passiert?»

«Ich weiß nicht, Pearl. So ein Spektakel, hat sich angehört wie 'ne Atombombe.»

«Wenn die fällt, merkst du's schon», sagte Pearl Katz. Sie betrachtete die vielen Leute und dann das Haus. «Die arme Frau», murmelte sie und dachte daran, daß erst vor drei Monaten, an einem windigen Märzvormittag, ein Krankenauto Mrs. Kaufmans Mann in die Klinik gebracht hatte, aus der er nicht mehr zurückkehrte.

«Sorgen, Sorgen...» Mrs. Katz schüttelte den Kopf, das Mitgefühl in Person. «Jeder hat sein Päckchen zu tragen, kannst mir's glauben. Ich wette, sie hat 'nen Nervenzusammenbruch. Das ist eine häßliche Sache. Gallensteine – die läßt man sich rausnehmen, und weg sind sie. Aber so ein Nervenzusammenbruch, das ist sehr schlimm. Oder ob am Ende die Tochter krank ist?»

«Die Tochter is nicht zu Hause», sagte

Goldie. «Die is mit meinem Neffen unterwegs, mit dem Michael.»

Mrs. Katz sah, daß noch niemand aus dem Haus gekommen war; sie hatte also Zeit, sich ein wenig zu informieren. «Wer ist denn das, Goldie? Der Sohn von dem Schwager, mit dem Lou nicht spricht? Ist der sein Vater?»

«Ja, Sol in Detroit...»

Sie verstummte, denn die Haustür hatte sich geöffnet, wenn auch noch niemand zu sehen war. Vorn in der Menge befahl eine Stimme: «Zurücktreten bitte! Machen Sie doch Platz, zum Donnerwetter!» Das war Sheila. «Platz da! Marvin, hilf mir!»

«Ich kann nicht... meine Gitarre... wo soll ich sie denn...»

«Treib die Leute zurück!»

«Aber meine Gitarre...»

Der Arzt und sein Gehilfe balancierten die Trage vorsichtig durch die Türöffnung. Hinter ihnen stand Mrs. Kaufman in einem weißen Männerhemd, das sie in ihre Shorts gestopft hatte. Ihre Augen blickten aus zwei roten Löchern; sie war ungeschminkt, wie Mrs. Katz bemerkte.

«Es muß die Tochter sein», sagte Pearl Katz und reckte den Hals. «Goldie, kannst du sehen, wer's ist – das Mädel?»

«Das Mädel is fort...»

«Zurücktreten!» rief Sheila. «Marvin, um Himmels willen, tu doch was!»

Der junge Arzt und sein Gehilfe hielten die Trage waagerecht und stiegen, einander gegenüber, seitwärts die Stufen hinunter.

Mrs. Katz hüpfte wie ein Ball auf und ab. «Wer ist denn das bloß?»

«Ich kann's nicht sehen», sagte Goldie. «Ich kann nicht...» Sie stellte sich auf die Zehenspitzen und verlor dabei ihre Pantoffeln. «Ich – o Gott! Mein Gott!» Sie drängte sich nach vorn und schrie: «Lou! Lou!»

«Mama, bleib hier.» Sheila hielt ihre Mutter fest. Jetzt glitt die Trage in das Auto.

«Laß mich los, Sheila, es is doch dein Vater!» Sie wies auf den Unfallwagen, dessen rotes Leuchtauge sich langsam drehte. Eine Sekunde lang blickte sie nach der Treppe zurück. Ida Kaufman stand noch immer in der Tür, ihre Finger drehten nervös an den Knöpfen des Hemdes. Dann rannte Goldie zum Wagen und zog ihre Tochter am Ellbogen mit sich.

«Wer sind Sie?» fragte der Arzt. Er trat ihnen entgegen und versuchte, sie aufzuhalten, denn es sah aus, als wollten sie sich mit einem Hechtsprung auf seinen Patienten im Krankenwagen stürzen.

«Die Frau...» schrie Sheila.

Der Arzt deutete auf die Veranda. «Aber, meine Dame...»

«*Ich* bin seine Frau», schrie Goldie, «ich!»

Er schaute sie an. «Steigen Sie ein.»

Goldie schnaufte, als Sheila und der Arzt ihr in das Auto halfen, und beim Anblick des weißen Gesichts über der grauen Wolldecke entrang sich ihr ein lautes Ächzen. Epsteins Augen waren geschlossen, seine Haut war grauer als sein Haar. Der Arzt kletterte in den Wagen, der sich sogleich mit heulender Sirene in Bewegung setzte. Sheila lief ein paar Schritte hinterher und hämmerte an die Tür, machte dann aber kehrt, bahnte sich einen Weg durch die Menge und stürmte die Stufen zu Ida Kaufmans Haus hinauf.

Goldie wandte sich an den Arzt. «Is er tot?»

«Nein. Es war ein Herzanfall.»

Sie schlug sich auf die Wange.

«Er kommt wieder in Ordnung», sagte der Arzt.

«Aber ein Herzanfall! Er hat doch noch nie...»

«Bei einem Mann in den Sechzigern ist das kein Wunder», erwiderte der Arzt barsch, während er Epstein den Puls fühlte.

«Er is ja erst neunundfünfzig.»

«Was heißt hier erst?» sagte der Arzt.

Der Unfallwagen raste an einer roten Ampel vorbei und bog so scharf nach rechts ab, daß Goldie von der Bank rutschte. Sie blieb auf dem Boden sitzen. «Wieso kann ein kerngesunder Mann...»

«Fragen Sie nicht soviel, meine Dame. Ein erwachsener Mann darf sich eben nicht wie ein Junge benehmen.»

Sie legte die Hände über die Augen, gerade als Epstein die seinen öffnete.

«Er ist jetzt wach», sagte der Arzt. «Vielleicht möchte er Ihre Hand halten oder so was.»

Goldie kroch zu Epstein hin und sah ihn an. «Lou, wie fühlst du dich denn? Tut dir irgendwas weh?» Und als er nicht antwortete: «Weiß er, daß ich es bin?»

Der Arzt zuckte die Achseln. «Sagen Sie's ihm.»

«Ich bin's, Lou.»

«Es ist Ihre Frau, Lou», fügte der Arzt hinzu. Epstein blinzelte. «Er weiß es», meinte der junge Mann. «Wird schon wieder werden mit ihm. Die Hauptsache ist, daß er ein normales Leben führt, ein Leben, das seinem Alter angemessen ist.»

«Hörst du, was der Doktor sagt, Lou? Die

Hauptsache is, daß du e normales Leben führst.»

Epstein öffnete den Mund. Seine Zunge hing über die Zähne wie eine tote Schlange.

«Nicht reden», bat seine Frau. «Mach dir keine Sorgen. Über gar nichts, nicht mal übers Geschäft. Das findet sich alles. Unsere Sheila wird den Marvin heiraten, und dann is alles in Ordnung. Du brauchst nicht zu verkaufen, Lou, es bleibt in der Familie. Wenn du dich zur Ruhe setzt, kann Marvin das Geschäft übernehmen. Er is e feiner Kerl, der Marvin, wirklich e *Mensch*.»

Epstein bewegte die Augen.

«Versuch nicht, zu sprechen. Ich kümmer mich um alles. Bald wird's dir besser gehen, und dann verreisen wir. Vielleicht nach Saratoga, da kannst du Mineralbäder nehmen, wenn du willst. Wir fahren einfach fort, du und ich...» Plötzlich griff sie nach seiner Hand. «Lou, du wirst von jetzt an normal leben, nicht wahr? Nicht wahr?» Sie weinte. «Sonst wird's nämlich dein Tod sein, Lou! Wenn du so weitermachst, is es aus mit dir...»

«Schon gut», sagte der junge Arzt, «regen Sie sich nicht unnötig auf. Wir wollen nicht zwei Patienten haben.»

Das Auto verlangsamte die Fahrt und hielt vor dem Nebeneingang des Krankenhauses.

«Ich weiß gar nicht, warum ich heul.» Goldie trocknete sich die Augen. «Er wird ja wieder gesund, nicht wahr, Herr Doktor? Sie sagen's, und ich glaub's Ihnen, Sie sind ja Arzt.» Und als der junge Mann die Wagentür aufstieß, auf deren Außenseite ein großes rotes Kreuz war, fragte sie leise: «Herr Doktor, haben Sie auch ein Mittel gegen das andere, was er hat – gegen den Ausschlag?» Sie deutete mit dem Finger.

Der Arzt sah sie an. Dann hob er für eine Sekunde die Wolldecke, die Epsteins Blöße verbarg.

«Is es schlimm, Herr Doktor?»

Goldies Augen waren naß, und ihre Nase lief.

«Eine Reizung», sagte der Arzt.

Sie umklammerte sein Handgelenk. «Können Sie's wegbringen?»

«So, daß er's nie wieder kriegt», versicherte der Arzt und sprang aus dem Krankenwagen.

Rede von Philip Roth
anläßlich der Verleihung des National Book Award am 23. März 1960

Mir ist eine ehrenvolle Auszeichnung zuteil geworden, die ich sehr erfreut, sehr beglückt entgegennehme. Ich zögere, hier mehr über mich, meine Arbeit oder die Situation der amerikanischen Literatur zu sagen. Heutzutage wird das gesprochene Wort eines Schriftstellers beinahe höher geschätzt als das geschriebene, und angesichts all der Erklärungen, die bei jedem Meinungsaustausch, jedem Schriftstellerkongreß, jedem Interview, jedem Anlaß wie diesem abgegeben werden, widerstrebt es mir, nun ebenfalls eine Erklärung zu präsentieren. Ich weiß nicht einmal, ob die Schriftsteller wirklich den Wunsch haben, so viele Reden zu halten, oder ob sie sich lediglich dazu verpflichtet fühlen. Da läuft so ein Mensch jahrelang herum, und immer sagt man ihm – oder er sagt es sich selbst –, daß niemand auf ihn hört, daß niemand sich um ihn kümmert, daß er das Stiefkind unserer Kultur ist, und dann wird er auf einmal gebeten, eine Rede zu halten. Was soll er tun? Er redet.

Auf meinem Flug nach New York las ich von einem Meinungsaustausch, den das *Esquire Magazine* vor ein paar Monaten für die Hörer des Schriftstellerseminars in Iowa veranstaltet hat. Drei unserer talentiertesten Romanciers und einer unserer energischsten und begabtesten Kritiker wurden aufgefordert, sich zu dem Thema «Stellung und Aufgabe des Schriftstellers in der zeitgenössischen amerikanischen Gesellschaft» zu äußern. Ich möchte einiges aus dem Bericht über die Zusammenkunft zitieren, und wenn ich auch nur einzelne Stellen herausgreifen kann, so hoffe ich doch, keinem der Beteiligten allzu großes Unrecht zu tun. «...Die Frage, was die vier Diskussionsteilnehmer von den Stiftungsbeihilfen für Schriftsteller hielten, rief eine Art Miniaturdebatte hervor... Mailer lehnte derartige Beihilfen leidenschaftlich ab... MacDonald fragte ihn, ob er eigentlich wüßte, wovon er spräche... Elison erklärte, die Kuratoren der Stiftungen hätten ihn sehr freundlich behandelt... Mark Harris sagte, die Regierung der Vereinigten Staaten habe ihm sämtliche Unkosten seiner einjährigen Reise durch Japan und den Fernen Osten bezahlt, und seither falle es ihm schwer, so schlecht von der Regierung zu denken, wie er es seiner Meinung nach tun müßte. Er deutete an, man wolle die Schriftsteller bestechen.» Dann kam die Rede auf Hollywood: «Mailer und Harris vertraten die Ansicht, nur ein Held wie Faulkner in seinen frühen Hollywood-Tagen könne dem Einfluß der Massenkultur erfolgreich widerstehen. Dagegen sagten MacDonald und Ellison, man müsse mit dem Strom schwimmen, ihn ausnutzen... Nein, man müsse ein Außenseiter bleiben, meinte Harris, der sich nun völlig zu Mailers Einzelgängertum bekehrt hatte. Die Diskussion ging weiter und wurde durch Fragen aus dem Zuhörerkreis immer wieder neu belebt...»

Mir scheint – und sicherlich hatten einige der eben genannten Schriftsteller den gleichen Eindruck –, daß hier sehr viel moralischer Schweiß vergossen und ziemlich wenig erreicht wurde. Wir hören immer nur Fragen, nichts als Fragen. Soll sich der Schriftsteller als Lehrer für englischen Aufsatz betätigen oder nicht? Soll der Schriftsteller das Geld irgendeines verstorbenen Großindustriellen annehmen oder nicht? Was ist verwerflicher – sich von einem toten oder einem lebenden Großindustriellen unterstützen zu lassen? Soll der Schriftsteller Marihuana rauchen oder nicht? Kann er in New York überleben? Ist Yaddo schädlich für ihn? Soll er

Telefon haben oder nicht?... Alles dreht sich um den *Schriftsteller*, statt um das *Schreiben*; alles dreht sich um Posen und Posituren, um Etikette, als wären die Manieren des Schriftstellers ausschlaggebend für seine Art zu schreiben. Aber ich finde, daß jene Entscheidungen, die den Geist beflügeln oder ihn töten, die einen Menschen entwürdigen oder ihm Ehre machen, auf wichtigeren, nicht durch Äußerlichkeiten bestimmten Ebenen getroffen werden. Wirklich, wir sollten nicht darunter zu leiden haben, daß sich die Öffentlichkeit so viel mit unserer Lebensweise beschäftigt. Die Bemerkungen, die wir bei gewissen kulturellen Veranstaltungen von uns geben, sind mitunter eher spritzig als tiefschürfend – leeres Geschwätz, für Leute bestimmt, denen Bücher im Grunde höchst gleichgültig sind. All dieses Gerede über uns selbst, all diese Zusammenkünfte und Erklärungen... manchmal habe ich das Gefühl, daß jedermann unterwegs ist, um die Interviews zu lesen, während zu Hause die Romane ungelesen herumliegen. «Sollte der Schriftsteller...?» «Kann der Schriftsteller...?» «Ist es die Aufgabe des Schriftstellers in der zeitgenössischen...?» So ein Unsinn! Was für Fragen! Was für ein oberflächliches, unliterarisches Herangehen an den menschlichen Charakter! Man stelle sich vor – sollte Jane Austen...? Kann Thomas Hardy...? Ist es Sir Walter Scotts Aufgabe...? Wenn wir uns als Künstler, nicht als Fragenbeantworter betätigen, dann passiert es uns nur in unseren schwächsten Augenblicken, daß wir eine so simplifizierte Haltung gegenüber der Vielfältigkeit menschlicher Reaktion und menschlicher Möglichkeiten einnehmen. Warum sollten wir uns von unseren Inquisitoren zwingen lassen, so zu reden wie die Charaktere, die wir schaffen, wenn unsere Kunst und unser Einfühlungsvermögen ihren Tiefpunkt erreicht haben?

«Wenn der Schriftsteller ja sagt, fängt er schon an zu lügen.» Diese Behauptung wurde bei der ersten *Esquire*-Diskussion ausgesprochen, und wie ich gestern las, hielt man sie auf der zweiten Zusammenkunft einer Wiederholung für wert. Zweimal erklang sie auf unserem Planeten, und ich verstehe sie noch immer nicht. Bezieht sie sich auf das Schreiben? Was macht man mit ihr, wenn die Tagung beendet ist? Und vor allem – wie wendet man sie auf Bücher an? Sagt Tolstoi in «Krieg und Frieden» ja oder nein? Sagt Joyce in «Ulysses» ja oder nein? Dieses ganze Posieren und Auf-Formeln-Bringen erscheint mir völlig verfehlt. Ich will natürlich nicht sagen, daß man Schriftstellern das Vorrecht absprechen sollte, das jeder Buchhalter hat, nämlich für oder gegen Dick Nixon, Jack Kennedy, Jack Paar zu sein, für oder gegen Diskussionsabende, Mord, Jazzfans, schlechte Prosa und so weiter. Alles, was ich sagen will – und damit gebe nun leider auch ich eine Erklärung ab –, ist dies: Wenn der Schriftsteller immer nur nein sagt, fängt er an zu lügen. Mag er auch empört, verzweifelt, skeptisch, voller Haß sein, er wird, sobald er nicht sein Publikum, sondern die Wirklichkeit betrachtet, ein starkes Glücksgefühl empfinden. Henry James hat einmal gesagt: «Es gibt Tausende von Möglichkeiten, das Leben zu genießen, und die des Künstlers ist eine der allerunschuldigsten... sie verbindet sich mit dem Begriff der Freude.» Und so ist es. Ich verstehe darunter nicht die geheime Freude an der künstlerischen Fertigkeit, auch nicht die unverhohlene Freude an der Anerkennung, sondern jene eigenartige Freude, die den Schriftsteller erfüllt, wenn er menschlichem Erleben nachspürt, ohne sich an ein Dogma oder eine Erklärung gebunden zu fühlen, ohne ja sagen zu *müssen* oder nein sagen zu *müssen*.

50 JAHRE ROWOHLT ROTATIONS ROMANE

50 Taschenbücher im Jubiläumsformat
Einmalige Ausgabe

Paul Auster, *Szenen aus «Smoke»*
Simone de Beauvoir, *Aus Gesprächen mit Jean-Paul Sartre*
Wolfgang Borchert, *Liebe blaue graue Nacht*
Richard Brautigan, *Wir lernen uns kennen*
Harold Brodkey, *Der verschwenderische Träumer*
Albert Camus, *Licht und Schatten*
Truman Capote, *Landkarten in Prosa*
John Cheever, *O Jugend, o Schönheit*
Roald Dahl, *Der Weltmeister*
Karlheinz Deschner, *Bissige Aphorismen*
Colin Dexter, *Phantasie und Wirklichkeit*
Joan Didion, *Wo die Küsse niemals enden*
Hannah Green, *Kinder der Freude*
Václav Havel, *Von welcher Zukunft ich träume*
Stephen Hawking, *Ist alles vorherbestimmt?*
Elke Heidenreich, *Dein Max*
Ernest Hemingway, *Indianerlager*
James Herriot, *Sieben Katzengeschichten*
Rolf Hochhuth, *Resignation oder Die Geschichte einer Ehe*
Klugmann/Mathews, *Kleinkrieg*
D. H. Lawrence, *Die blauen Mokassins*
Kathy Lette, *Der Desperado-Komplex*
Klaus Mann, *Der Vater lacht*
Dacia Maraini, *Ehetagebuch*
Armistead Maupin, *So fing alles an ...*
Henry Miller, *Der Engel ist mein Wasserzeichen*

50 JAHRE ROWOHLT ROTATIONS ROMANE

Nancy Mitford, *Böse Gedanken einer englischen Lady*
Toni Morrison, *Vom Schatten schwärmen*
Milena Moser, *Mörderische Erzählungen*
Herta Müller, *Drückender Tango*
Robert Musil, *Die Amsel*
Vladimir Nabokov, *Eine russische Schönheit*
Dorothy Parker, *Dämmerung vor dem Feuerwerk*
Rosamunde Pilcher, *Liebe im Spiel*
Gero von Randow, *Der hundertste Affe*
Ruth Rendell, *Wölfchen*
Philip Roth, *Grün hinter den Ohren*
Peter Rühmkorf, *Gedichte*
Oliver Sacks, *Der letzte Hippie*
Jean-Paul Sartre, *Intimität*
Dorothy L. Sayers, *Eine trinkfeste Frage des guten Geschmacks*
Isaac B. Singer, *Die kleinen Schuhmacher*
Maj Sjöwall/Per Wahlöö, *Lang, lang ist's her*
Tilman Spengler, *Chinesische Reisebilder*
James Thurber, *Über das Familienleben der Hunde*
Kurt Tucholsky, *So verschieden ist es im menschlichen Leben*
John Updike, *Dein Liebhaber hat eben angerufen*
Alice Walker, *Blicke vom Tigerrücken*
Janwillem van de Wetering, *Leider war es Mord*
P. G. Wodehouse, *Geschichten von Jeeves und Wooster*

Programmänderungen vorbehalten

PHILIP ROTH

Die Anatomiestunde
Roman
rororo 12310

Der Ghost Writer
Roman
rororo 12290

Goodbye, Columbus!
Ein Kurzroman und fünf Stories
rororo 12210

Mein Leben als Mann
Roman
rororo 13046

Portnoys Beschwerden
Roman
rororo 1731

Die Prager Orgie
Ein Epilog
rororo 12312

Zuckermans Befreiung
Roman
rororo 12305